是言語 也是武器

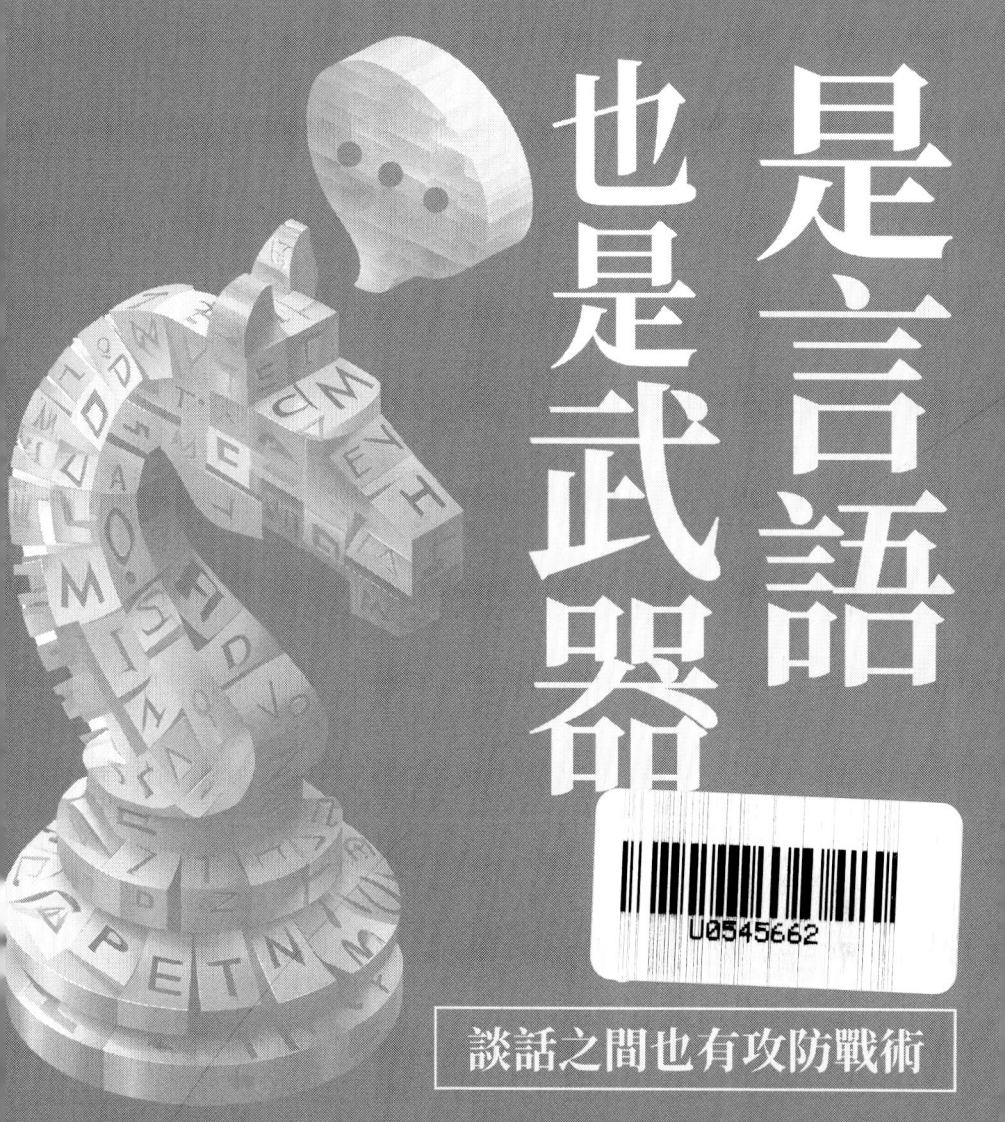

談話之間也有攻防戰術

好好說話很難嗎？掌握語言的藝術，讓你在人生的每一次交談中都能贏得主場

◎ 一句話，就能讓人記住你
◎ 不是說得夠多，而是說得夠妙
◎ 溝通不是天賦，而是可以學會的藝術

金文 著

魅力溝通的核心，是讓每句話都帶有影響力
掌握說話的技巧，將平凡對話變成非凡機會

目錄

Chapter 1　這是個「會說話者得天下」的時代

- 010　語言會反映你的內在
- 013　成功的基石是善於表達和溝通
- 014　口才、金錢、電腦 —— 立足社會的三寶
- 017　說對話了,才有糖吃
- 020　說話無策略,是在賭自己的前程
- 024　請記住:有話好好說

Chapter 2　天天聊天,不見得就會聊天

- 028　會說話並不簡單
- 032　傾聽是學會說話的第一步
- 036　健談未必有利
- 039　換位思考,設身處地
- 042　最有效的安慰方式
- 044　理性與感性的說話時機

目錄

Chapter 3　好口才是反覆磨練的成果

- 048　誰都有笨口拙舌的時候
- 050　高手就是不斷練習
- 053　培養自信,別只當應聲蟲
- 057　總是留給對方一點面子
- 059　向林志玲學習,聲音的力量勝過香水

Chapter 4　讓他人聽得進去、有問有答的技巧

- 064　別總說你想說的,要說對方想聽的
- 067　精簡表達,節省時間
- 070　懸念設置:想知道後來怎麼了嗎?
- 072　問題越具體,回答越省力
- 074　如果依舊沉默,那就這樣問

Chapter 5　快速聊出好交情 —— 開場、提問、接話

- 078　與任何人都能侃侃而談
- 081　天氣話題:永不失手的開場
- 084　掌握每個人都想聊自己的心理
- 088　不要只聊小眾話題

091　聊天不是競賽，別急著搶答

093　向拉布拉多犬學習 —— 使用眼神的技巧

Chapter 6　讓人不知不覺喜歡與你聊天的技巧

098　帶有魚尾紋的微笑能增添好感

102　快速讀懂對方的情緒，選擇契合話題

105　聊天時多叫對方的名字

109　無心插柳的談話增進感情

110　與對方站在同一陣線

Chapter 7　讓人難以拒絕的聊天方法

114　用較強語氣以展現力量

117　轉移話題以化解衝突

122　投其所好以贏得信任

126　放慢步調以應對急切情緒

129　如何說服吹毛求疵的人

132　用緊湊的問題攻勢占據上風

136　弱者，以柔克剛的高明說服者

目錄

Chapter 8	必修的六個幽默聊天技巧
140	借用他人的「詞」以達「笑」果
142	巧用諧音技巧,令人捧腹大笑
144	正話反說,妙趣十足
146	望文生義,出奇制勝
148	一語雙關,趣味橫生
150	自嘲,最高明的幽默

Chapter 9	讚美,是世界上最動聽的語言
154	恰到好處的讚賞更真誠
157	精準觀察,讚賞對方最希望被提及的部分
161	讚美時的注意事項
164	讚美技巧大不同
166	在第三方前讚美的間接效果
169	亂講關鍵字,馬屁拍在馬腿上

Chapter 10	聊天高手,也是傾聽專家
174	傾聽比說話更重要
176	不想聽了,就這樣打斷對方

179　弦外之音，沒關係不是真的沒關係

182　該說話時就說話，不該說時請沉默

185　只懂字面意思，恐怕會讓機會白白溜走

Chapter 11　不可不知的聊天潛規則

190　關係越親密，說話越小心

194　不是主角，就別喧賓奪主了

198　大家都有虛榮心，但別表現出來

201　為別人留隱私，謠言止於智者

204　要重視對方，就要把他放在心裡

目錄

Chapter 1
這是個「會說話者得天下」的時代

一個人的成功，很少取決於知識和技術，更多的是取決於發表自己意見的能力和激發他人熱忱的能力。

Chapter 1　這是個「會說話者得天下」的時代

語言會反映你的內在

　　曾經看到過這樣一個故事——在一個寒風凜冽、大雪紛飛的冬日，道路封閉了。財主、商販、秀才、樵夫先後躲進路邊小廟避雪。為了解悶，商販提議以「雪」為題吟詩，商販首先說出了一句：「大雪紛紛落地。」

　　接著秀才躍躍欲試地說：「都是皇家瑞氣。」

　　財主接著說：「再下三年何妨。」

　　樵夫聽後憤怒地爆出一句：「放你娘的狗屁。」

　　什麼樣的人說什麼樣的話，同樣，你說什麼樣的話也決定了你是什麼樣的人。

　　每個人說話的語氣、措辭、表情都是不一樣的，這就是他們的風格。正如著名主持人于美人說的：「小丸子不會像蠟筆小新般說出黃色笑話，她的說話風格是『總要給大人一點面子』。」說話的風格，往往是別人記起你的最快捷的途徑，沒有風格的人在社會上總有種吃力不討好的感覺。

　　有人相親屢屢失敗，在網上聊得很 high（盡情，無拘無

束,爽快),見了面就一拍兩散;有人職場總走霉運、說錯話得罪人、燒錯香得罪神、莫名其妙惹禍上身。

　　在日常生活裡,我們說話的時候一定要小心,千萬不能張口就來,隨意暴露自己的真正意圖,那樣不但會讓人覺得你口無遮攔,甚至會毀掉你的前途。

　　有些話不好說出口,但是又不得不說,你可以換一種方式來表達,就會讓對方容易接受了。不要說「但是」,而要說「而且」。如果你很贊同一位同事的想法,你可能會說:「這個想法很好,但是你必須……」,本來你是認可別人的,這樣一說,這種認可就大打折扣了。你完全可以換一種方法,把具體的希望說出來,以表達你的讚賞和建議。比如:「我覺得這個建議很好,而且,如果在這裡再稍微更改一下的話,也許會更好……」,這樣的措辭會讓別人感覺你是一個非常容易親近的人。

　　在公司開會時,對各種意見進行討論,不要總是說「老實說」,在別人看來,你好像在特別強調你的誠意。即使你非常有誠意,但是也沒必要特別強調。所以你最好說:「我覺得,我們應該……」,顯得你更有果斷力;不要總是說「本來」,如果你和對方對某件事情各自持不同看法,你輕描淡寫地說道:「我本來是持不同看法的。」一個詞看起來很不起眼,卻不能突出你的立場,還讓你顯得非常沒有主見。類似的表達方式如「的確」和「嚴格來講」等等,乾脆直截了當地說:「對此,我

◆ Chapter 1　這是個「會說話者得天下」的時代

的看法不相同。」就比較好。

　　說話不要用「務必……」，而要說「請您……」。例如，不久後你就要把自己所負責的一份企劃案交上去。大家的壓力已經不小了，此時你又對大家說：「你們務必再考慮一下……」，這樣的口氣恐怕很難帶來高效率，反而會讓別人的壓力更大。但如果反過來呢，誰會去拒絕一個友好而禮貌的請求呢？所以最好這樣說：「請您考慮一下……」，這樣會有更好的效果。

成功的基石是善於表達和溝通

一個人的嘴巴有兩個功能：一是吃飯，二是講話。但是要想吃好飯，先要講好話！英國前首相溫斯頓．邱吉爾（Winston Churchill）曾說：「一個人可以面對多少人，就代表這個人的人生成就有多大。」無論是政界領袖還是商界名人，古今中外所有深具影響力的人士都是善於表達和溝通的大師。──

在猶太人的智慧中，有一則這樣的故事。拉比（Rabbi）吩咐他的僕人到市場上去買一些美食，僕人買回來舌頭。過了兩天，他又讓這個僕人去買一些粗食。令拉比沒有想到的是，這次僕人買回來的還是舌頭。於是拉比便問：「前日我叫你購買美食，結果你買回來舌頭；今日我要你購買粗食，你買來又是舌頭。這是什麼道理呢？」

這個僕人答道：「舌頭這種東西好則高貴無比，壞則低賤之至。」

其實，從他的回答中，也可以延伸出這樣一個道理，語言在生活中有著不可忽視的作用。

Chapter 1　這是個「會說話者得天下」的時代

口才、金錢、電腦 —— 立足社會的三寶

早在 1940 年代，美國人就把「口才、金錢、原子彈」視為是在世界上生存和發展的三大法寶；到了 1960 年代以後，又把「口才、金錢、電腦」視為是最有力的三大法寶。而「口才」一直獨冠三大法寶之首，足以看出會說話的作用和價值。

不論在哪裡，我們都會聽到有人這麼誇別人：「他這個人嘴巴很厲害，能言善道的，很會辦事。」也有人時常這麼自嘲：「我這人就是嘴笨，見諒！」由此看來，一個人的口才就是他生存的基本技能之一。

以山姆‧李文森（Sam Levenson）為例，他不但是廣播、電視明星，而且還是在美國各地都具有影響力的演講者。他在紐約任職教職員時，就喜歡與家人、同事和學生就工作和生活中的一些事情發表意見，進行簡短的談話。沒想到，這些談話引起了聽眾熱烈的反響。不久，他被受邀為許多團體演說。後來，他成為了許多廣播節目裡的特別嘉賓。之後，山姆‧李文森便改行到娛樂界發展，且成就非凡。

口才、金錢、電腦──立足社會的三寶

在歷史上，的確有很多能言善辯之士，憑著一張劍舌，活躍在當時的政治舞臺上，他們有的勸阻戰爭，化干戈為玉帛；有的怒斥奸佞，以正氣壓倒歪風；有的巧設比喻，以柔克剛，爭取盟友；有的反唇相譏，綿裡藏針，瓦解敵陣。

乾隆年間，大才子紀曉嵐深受皇上的賞識。

有一天，乾隆宴請大臣。大臣們吃得十分開心，飲得也非常暢快。這時，這位愛賣弄學問的乾隆又詩興大發了，他出了上聯：「玉帝行兵，風刀雨箭雲旗雷鼓天為陣。」

乾隆皇帝要求百官對下聯，結果百官對不上來。乾隆皇帝這下更來興致了，竟然沒人能對得上。他想顯擺自己的才華，於是，便點名要紀曉嵐答對，想讓這位大才子在眾多大臣面前出醜。

然而，使乾隆皇帝出乎意料的是紀曉嵐卻把下聯對上來了：「龍王設宴，日燈月燭山餚海酒地當盤。」話音未落，群臣都已相繼發出讚嘆不已的聲音。

乾隆皇帝聽後，卻不怎麼高興了。他面有怒色，沉吟不語，大家頗為納悶。

此時，紀曉嵐知道是自己得罪了皇上，便緊接著又說：「聖上為天子，所以風、雨、雲、雷都歸您調遣，威震天下；小臣都是酒囊飯袋，因此希望連日、月、山、海都能在酒席之中。

◆ Chapter 1　這是個「會說話者得天下」的時代

可見,聖上是好大神威,而小臣只不過是好大肚皮而已。」

乾隆一聽,便立即露出了笑臉,連忙表揚紀曉嵐,並說:「儘管飯量甚好,但若無胸藏萬卷之書,又哪有這麼大的肚皮?」

乾隆出的上聯顯示出了一代帝王的豪邁氣概,不料紀曉嵐下聯一出,十分工整,顯示不出乾隆上聯的才氣。乾隆一聽,自然感到有些不愉快。幸好,紀曉嵐能夠及時地發現並為自己開脫,有意識地抬舉乾隆、貶低自己。自然,君臣一唱一和,大家都高興。人有會說話的能力是好,但是話要說到正確、說到關鍵點上,就像紀曉嵐一樣,當乾隆不高興時,又說了一句解決尷尬的話,這才能顯示出一個人是否真正地會說話。

事業的成功和失敗,往往決定於某一次談話,這話絕不是過分誇張的。美國人類行為科學研究者指出:「說話的能力是成名的捷徑。它能使人顯赫。能言善辯的人,往往使人尊敬、受人愛戴、得人擁護。它使一個人的才學充分拓展,熠熠生輝,事半功倍,業績卓著。」他甚至斷言:「發生在成功人物身上的奇蹟,一半是由口才創造的。」戴爾‧卡內基(Dale Carnegie)說:「一個人的成功,很少取決於知識和技術,更多的是取決於發表自己意見的能力和激發他人熱忱的能力。」

由此可見,一個人的說話能力,是獲得社會認同、上司賞識、下屬擁戴、同事喜歡、朋友幫助、戀人親密的必要條件。

說對話了，才有糖吃

說對話了，才有糖吃

有句話說，「會說話，當錢花」。因此我們不但要會「實做」，也要學會「會說」，更要掌握說話的技巧。說對話，就沒有你要不到的「糖」。

飯可以吃錯，話可不能說錯。飯吃錯了要不了人的命，有些話說錯了或許就會要了你的命！

或許你會說，現代這個社會不會因為說錯話而喪命了。告訴你，不對！看看下面的寓言，你就會明白點什麼了。

有一天，森林裡的「百獸之王」老虎把動物們都召集了過來，面帶微笑，和和氣氣地說：「各位朋友，我管理動物王國很多年了，肯定犯了不少錯。我想請大家指出來，好讓我知道自己的不足，能夠好好改進。大家有話直說，不要拘束，為了我們的動物王國的明天，請大家暢所欲言吧。」

聽到老虎的肺腑之言，動物們感動極了。小鹿第一個要求舉手發言：「大王，您經常不顧忌我們鹿的感受，隨意把我們當作食物吃掉。希望您可以改掉這個壞毛病。」

Chapter 1　這是個「會說話者得天下」的時代

　　在動物界資歷最深的老黃牛接著說：「大王，在上一次選動物幹部時，您任用的都是那些送禮物給您、拍您馬屁的人，這樣做太不公平了。」

　　聽到這裡，山羊也跟著站起來說：「大王，您愛搞一言堂，從來不聽取別人的意見，再這麼剛愎自用，大家對您的統治可就不滿了。」

　　山羊剛把話說完，許多動物爭先恐後地一個一個向老虎大王陳述自己的意見。誰都沒發現，此時的老虎靜靜地聽著，臉色卻變得越來越難看。

　　狡猾的狐狸一看情勢不對，趕緊站出來說話了，畢恭畢敬地說：「大王，我要向您提點意見，您經常超時工作，太不注意身體健康了，萬一不小心累壞了身體，就會影響您的領導能力，這對整個動物王國的繁榮發展是多麼大的損失呀！」

　　第二天，很多動物發現鹿、老黃牛、山羊不見了。老虎大王聘請狐狸做他的特別助理，因為昨天晚上一不小心吃下太多的東西，現在得了腸胃炎，在休養的這段時間，當然就由狐狸來替自己看家執政了。

　　看到這裡，也許你就會想到什麼。老虎像不像公司的「老闆」，你在公司裡是小鹿還是狐狸呢？有的人或許會說，在公司裡我注意點言行就行了，跟朋友在一起就暢所欲言了。這也

說對話了，才有糖吃

不對，因為朋友之間即使開玩笑也要講究分寸，否則，你會被Pass掉的。

　　說對話，才會有糖吃；說錯話，不但沒糖吃，說不定還會丟掉小命。因此，別把說話不當成藝術哦！

◆ Chapter 1　這是個「會說話者得天下」的時代

說話無策略，是在賭自己的前程

　　曾發生過一場凶殺案件，一名陳姓計程車司機為了幾萬元，竟在租屋處裡拿利剪刺進前妻頸部，致使前妻當場死亡。據了解，該名慘遭殺害的女子，幾天前，曾上過知名主持人于美人的節目，于美人第一時間聽聞噩耗就泣不成聲，在受訪時更在鏡頭前痛哭失聲，直呼：「做節目做到現在……發生這種事我真的很沮喪！」

　　在節目裡，于美人與嘉賓談論「打非情罵非愛，婚姻暴力別再來」的主題，一位女子在節目上聊起自己飽受家庭暴力的心酸歷程，讓許多觀眾深感同情。誰知道，這位女子的前夫竟然將她殺害了。這讓于美人聽聞噩耗時泣不成聲，哭喊「對不起！我沒救到妳」。

　　再度受訪的時候，于美人難過地說自己兩個禮拜前才聯繫過她，「原本打算要相約去爬玉山幫她改變心情的，沒想到卻發生這樣的事情！」由於事發第一時間，受害者的姐姐打電話到製作單位告知，並向于美人道謝，「妹妹能夠勇敢地說出心酸歷程，真的很感謝你們的傾聽」。

只是想到沒能夠救到這位勇敢的女人，于美人的淚就止不住，她自責地說：「我們就是救不到她⋯⋯真的很難過⋯⋯大家都要伸手救她⋯⋯但拉不住。」

很多對于美人抱有「批判」態度的觀眾，在看完她的這一番哭訴之後，相信會對她改觀許多吧！

三百六十行，行行需口才。在整個人類社會的發展中，一個人是否有好口才、是否會說話，成就與境遇必定會大不一樣。現代社會裡，那些表現得羞怯拘謹、笨嘴笨舌、謹慎膽小的人，總會處在交際困難的尷尬裡。有些人知識淵博，可就是因為缺乏「嘴巴上的功夫」，而不受人們歡迎。有些人在工作上表現得也很出色，可是一講話就語無倫次、拘謹慌張，從而失去了很多晉升的機會。

無論事情大小，會說話都會助你成功，會說話會加速你成功，在關鍵時刻甚至有著決定性的作用。有一位國外名人曾說：「眼睛可以容納一個美麗的世界，而嘴巴則能描繪一個精采的世界。」法國大作家維克多・雨果（Victor Hugo）也認為：「語言就是力量。」的確，精妙、高超的語言藝術魅力非凡。

美國五星上將喬治・馬歇爾（George C. Marshall）年輕時，在他所在駐地的一次酒會後，請求一位小姐答應讓自己送她回家。這位小姐的家就在附近不遠，可是馬歇爾開了一個多

◈ Chapter 1　這是個「會說話者得天下」的時代

小時的車才把她送到家門口。

「你來這裡不是很久吧？」她問道，「你好像不太認識這裡的路。」

「我可不敢那樣說。如果我對這個地方不熟悉，我怎麼能夠足足開了一個多小時的車，而一次也沒有經過妳家的門口呢？」馬歇爾微笑著說。後來，這位小姐嫁給了馬歇爾。

會說話不但能像馬歇爾將軍那樣抱得美人歸，而且還能為你帶來好工作。

某間公司有兩位替老闆開車的司機，由於人力精簡，必須裁掉其中一個。於是，兩人開始競爭上位。第一位司機大概講了十來分鐘，說：「我將來要是還能開車，一定把車收拾得非常乾淨整潔，遵守交通規則，要保證老闆的安全，一定要做到省油……。」

第二位司機沒講三分鐘就結束了。他說：「我過去遵守了三條原則，現在我還遵守著三條原則，如果今後用我，我還將繼續遵守三條原則。第一，聽得，說不得；第二，吃得，喝不得；第三，開得，使不得。我過去這樣做，現在這樣做，今後還會這樣做。」

在老闆心目中，這位司機說得非常好，為什麼呢？「聽得，說不得」是指，老闆坐在車上研究一些工作上的事情，往往在

沒講之前都是保密的，司機只能聽不能說，說了就是洩密。「吃得，喝不得」意思是，司機要經常陪老闆到處開會、到處參觀，最後得吃飯，但是千萬不能喝酒，這叫保護老闆的生命安全。而「開得，使不得」就是，只要老闆不用的時候，我也絕不為了一己之利私自開車，要做到公私分明。這樣的司機誰會不用呢？這不是會說話的效力嗎？

人的一生都在不斷說話與傾聽，關鍵時刻需要你站出來講幾句的時候，一定不能搞砸了，否則，不僅會影響你的形象，而且有可能會斷送掉你的美好前途。有的明星一不小心惹上了緋聞或者遭受觀眾的批評而走到了人生谷底，有可能幾句話就會助他上位，從而平步青雲。

西方有位哲人這樣總結：「世間有一種成就可以使人很快完成偉業，並獲得世人的認識，那就是講話令人喜悅的能力。」語言是思想的外化，是必不可少的交際工具。我們要在這個世界上生活和發展，就沒有一天能離得開語言。曾有學者推測，一個人平均每天要說 18,000 個詞語。一個人每天總要說很多話，而且越是能辦事、越是辦事多的人，說的話肯定也越多。所以說，勇於說話、善於說話才是一種正面的人生態度。

◆ Chapter 1　這是個「會說話者得天下」的時代

請記住：有話好好說

　　著名主持人于美人在談論自己的談判技巧時，講了這麼一個故事：「一次，電視臺老闆要找我談有關酬勞的問題。當然，我的目標就是加薪，但是我不知道要如何開口，於是我又想起張良『計存太子』的故事，很想找一些演藝圈的老前輩來為我說情。不過根據學生時代的經驗，這似乎不是個好方法！

　　我很想鼓起勇氣，直截了當地跟老闆說：『我要加薪！』但是我才剛進入電視圈不久，如果講得這麼直接，會不會太過分呢？

　　為了這次薪資談判，我掙扎了好多天，始終想不出該如何向老闆開口。到了談判的那天，我的腦袋還是一片空白，怎麼辦呢？只好見招拆招！

　　薪資談判的那天下午，我與這位電視臺老闆相約在某家五星級飯店的餐廳喝下午茶。我們聊了很多，但是卻沒有半句話跟加薪有關。眼見這場下午茶就要結束了，我的內心開始焦慮起來。

請記住：有話好好說

　　正好這家餐廳裡有位漂亮的女服務生正在為客人續杯。當她朝我走來，禮貌地問我：『于小姐，請問你要加茶還是加咖啡呢？』這時我的腦海中突然浮現出我老媽狂笑的臉龐，於是我福至心靈地大聲對女服務生說：『可以加薪嗎？』老闆聽到我那委婉至極的真心話之後，居然跟我媽一樣，大笑了三分鐘。按照以往『大笑三分鐘，好事自然多』的經驗，我相信馬上就會有好事發生。果然，老闆笑完之後，立即同意替我加薪！」

　　看完這個有趣的故事，大家都會為于美人的聰慧而莞爾一笑吧！是的，有時候，你覺得很難說出口的話，只要換一種方式，好好地說出來，也會得到對方的理解的。

　　在美國經濟大蕭條時期，有一位名叫露西的女孩好不容易才找到了在高級珠寶店當銷售員的一份工作。在聖誕節的前一天，店裡來了一位30多歲的顧客，他衣著破舊，滿臉哀愁，用一種羨慕而不可企及的目光，盯著店裡的那些高級首飾。

　　露西接電話的時候，不小心把一個碟子弄翻了，六枚精美絕倫的鑽石戒指頓時落到地上。她急忙彎腰撿起其中的五枚，但是第六枚卻怎麼也找不到。正在這時，露西看到那個30多歲的男子正向門口走去，她意識到了什麼。當男子的手將要觸及門把時，露西柔聲叫道：「對不起，先生！」

◆ Chapter 1　這是個「會說話者得天下」的時代

　　那位男子聽了露西的叫聲後，轉過身來，兩人相視無言，有幾十秒之久。「什麼事？」那個男人問，臉上的肌肉在抽搐，再次問道：「什麼事？」

　　露西神色黯然地說：「先生，這是我第一次工作，現在找個工作很難，想必您也深有體會，是不是？」

　　那名男子久久地審視著露西，終於一絲微笑浮現在他臉上，說道：「是的，確實如此。但是我能肯定，妳在這裡會做得不錯。我可以為您祝福嗎？」說完之後，男子向前一步，把手伸向露西。

　　「謝謝您的祝福。」露西也立即伸出手，兩雙手緊緊握在一起，露西用非常柔和的聲音說：「我也祝您好運！」

　　然後，男子轉過身，走向門口。露西看著男子的身影消失在門外，轉身走到櫃檯，把手中握著的第六枚戒指放回了原處。

　　露西巧妙地運用暗示，讓對方知道找工作的不容易，以此來誘導對方交出想要拿走的戒指。就這樣，一起盜竊案輕鬆化解了。在說服他人時，有時為了使對方減輕敵意、放鬆警惕，我們繞個彎把話說好，才能將其套牢。

Chapter 2
天天聊天，不見得就會聊天

聰明的人，藉助經驗說話；而更聰明的人，根據經驗不說話。

Chapter 2　天天聊天，不見得就會聊天

會說話並不簡單

在美國，有人曾以「你最怕什麼」為問題訪問了3,000人，調查顯示，大家最怕在眾人面前講話。有人坦然承認自己的膽怯，而且對此頗為苦惱，「我總是不敢在人面前講話、發言，那會使我心跳加快，腦中一片空白……」，不過，往往每一個說話膽怯的人都以為怯場的只有自己，以為別人並不怯場，總是在想：「為什麼只有我會這樣呢？」

其實，怯場並非某個人的特有現象，許多人都是如此，只不過我們沒有注意到別人怯場的狀態而已。

每當打開電視時，我們往往會被那些瀟灑大方、表達自如的節目主持人所折服；每當打開收音機時，也往往會為那些口若懸河、音色優美的播音員所傾倒。其實，他們並非我們想像得那樣說話時毫無顧慮、應付自如，他們也常常怯場。據聞，日本某演員臨近自己拍片的時候就想上廁所，甚至一去就是半小時。美國某播音員最初每臨播音，都要先到浴室去洗澡，如果不這樣，播音時就不能鎮定自若。碰到外出進行現場直播的話，他便不得不提前到達目的地，並在直播室旁尋找浴室。

會說話並不簡單

2010年5月份,「流行天后」Lady Gaga在美國紐約出席了負有「時尚界奧斯卡」之稱的「2010時尚藝術盛典」,並擔任表演嘉賓。然而,令所有人都感到驚訝的是「久經沙場」的Lady Gaga竟然也會因怯場而拒絕走出更衣室、拒絕登臺。一位知情人士在接受《紐約郵報》(New York Post)採訪時透露說:「她當時真的不敢出來,朋友進行勸說,里奧・科恩(華納董事長)也進行勸說,但是都沒有用。」最終美國著名脫口秀天后歐普拉・溫芙蕾(Oprah Winfrey)說服了她並讓其最終登臺表演。

由此可見,害怕說話是一種非常正常、極其普遍的現象。它有可能發生在一個人的任何一次與他人的交談中,而絕非個人在語言方面的缺陷。

如果有人不論在何種場合都面不改色,心臟的跳動也完全沒有變化,那才是異常。

要在大庭廣眾面前自然、流暢地說話的確很不容易,這對每個人來說,都是一種挑戰。演員尤其能體會到這點,對於那些生性羞怯、不善言辭的人來說更是困難。其實要想克服怯場的毛病並不是一朝一夕的事情,需要平時多加練習、與陌生人大膽交流、與親近熟悉的人交談、多聽別人當眾講話等等。在演講的時候,對聽眾視而不見——就是自己在發言前,心中有聽眾,但在發言時,眼中不能有聽眾,按照自己的想法去表

Chapter 2　天天聊天，不見得就會聊天

達。所以，只要抱定豁出去的心態，人的怯場心理也就會煙消雲散了。

會說話不是一件容易的事情，不僅僅在於多數人的怯場心理，還在於你有沒有掌握說話的技巧。有位作家曾說過這樣的一句話：「是人才不一定會說話，但是會說話的人必定是人才。」在當今這個競爭激烈的社會中，擁有「會說話」的能力，就能達到事半功倍的效果，從而獲得意想不到的成功。人的一生中，哪怕是做一件多麼微小的事情，都少不了溝通與交流。而人與人之間交流溝通最直接、最方便的途徑就是語言。

透過出色的語言表達，可以使相互熟識的人之間產生濃厚的情意，愛之更深；可以使陌生的人產生好感，結成友誼；可以使意見分歧的人互相理解，消除雙方的矛盾；可以使彼此怨恨的人放下心裡的不愉快，彼此友好相處。

在人際關係中，會說話的人將會非常受歡迎，能輕鬆地與別人融洽相處，在社會交際中如魚得水。因此，有人說，會說話是成就一個人一生的寶藏。在日常生活中，會說話不僅會為你帶來愉悅和歡暢，還可以幫助你在工作和事業中巧妙地表達自己的意見、闡明自己的主張、維持融洽的人際關係。會說話的人能把平凡的話題講得引人入勝；笨口拙舌者即使講的內容非常好，聽起來也會讓人覺得索然無味。在工作上，有些建

議,會說話的人一說就通過了;而那些不會說話的人,卻連訴說的對象都沒有。因此,有些偉人才說:「會說話是打開成功大門的一把金鑰匙。」

◆ Chapter 2　天天聊天，不見得就會聊天

傾聽是學會說話的第一步

　　有一句俗諺說：「聰明的人，藉助經驗說話；而更聰明的人，根據經驗不說話。」西方還有一句著名的話：「雄辯是銀，傾聽是金。」華人社會則流傳著「言多必失」和「訥於言而敏於行」這樣的名言。可見在語言溝通中，學說話之前，一定要先學會「聽話」。

　　某位著名節目主持人曾說：「一個會問的人首先是一個會聽的人、會想的人。」反映到電視畫面上，觀眾看到不是那位正在提問的主持人，而是那位正在傾聽和思考的主持人。面對不同的採訪對象，該位主持人總能恰到好處地照顧和調整好對方的心態。他在坐下來採訪之前，通常會習慣性地和採訪對象開玩笑說：「我們是來真的，還是來假的？」這一句玩笑就給予了被採訪對象一個心理預設──哦，我接受你的採訪，我就得準備好接受你的「拷問」，就得講真話。

　　在正式採訪前，該位主持人總是先閱讀和內化編導準備的相關資料和問題。這樣，在採訪大方向確定的前提下，正式採訪時，該名主持人就會完全拋開先前準備的資料，按照自己的

思路和話題的發展來做出提問。因此,我們在節目中很少看到該名主持人像其他採訪記者那樣低頭去看編導準備的問題,因為他的全部注意力都放在採訪現場的環境中。

要想像他那樣成為一個受歡迎的節目主持人,不僅要會說,首先還得學會「閉上嘴巴」去聽。很多人在生活中往往只顧發表自己的意見,而忘掉管好自己的嘴巴。

在對財富排行榜五百強企業的一項調查中,59%的被調查者回答他們對員工提供傾聽方面的培訓。研究者還發現,良好的傾聽技巧和工作效率有著直接的關係,接受了傾聽能力訓練的員工比沒有經過這項訓練的員工工作效率高得多。

在一個冬日的夜晚,傑克和妻子琳達去看一部期盼已久的電影。當兩人全神貫注於銀幕,被其中的情節深深吸引的時候,有一對年輕男女坐在他們前面,看樣子像是熱戀中的情侶。不一會兒,前排的女孩開始說話,側著腦袋與身邊的男孩不停地咬耳朵。一開始,女孩說話的聲音比較低,隨著電影情節發展,她的興致越來越高,講話音量也不斷提高,以致於傑克和琳達完全能聽見她在說什麼。女孩已經看過這部電影,熟知每個情節,所以每當一個場景要出現,她便急忙告訴她的男友——緊隨著,銀幕上果然出現了她的「預料」,她高興得連聲說:「嘿,你看,我說得沒錯吧!」

◆ Chapter 2　天天聊天，不見得就會聊天

　　傑克有些坐不住了，她這樣提前告知影片內容，無疑剝奪了他探索內容的樂趣。傑克一忍再忍，可是她一說再說，最後，他不得不拍拍她的肩膀說：「小姐，請妳用妳的眼睛『看』電影，我們將很感謝妳！」

　　女孩驚訝極了，臉上帶著明顯的慍色，她向著男友嘀咕幾句，倒是真的不再「預告」影片內容了。

　　琳達悄悄拉了傑克一下，不無擔心地低聲說：「你惹麻煩了！你看見了嗎，她那位高大的男友肯定不會放過你。」

　　不出所料，中間休息的時候，傑克去外面買飲料，那位男友跟了出來。想起妻子的話，傑克心裡一緊，真有點後悔剛才的做法。於是他加快腳步，那個男孩卻迅速跟進。最後，那個男孩一把拽住傑克，另一隻手握住他的右手說：「先生，謝謝你。你說出了我想說的話，我實在沒有勇氣對她那樣說。」

　　這個故事中的女孩不尊重別人，**絮絮叨叨地說個沒完**，破壞了他人看電影的興致，雖然這則故事並沒有說明傾聽的重要性，但是卻讓我們看到以自我為中心、不停「傾訴」是多麼不禮貌。這種局面久了，再好的朋友、再有耐心的客戶也會心生厭惡。

　　傾聽別人說話，是處世中必不可少的內容。能夠耐心聽別人說話的人，必定是一個富於思想的人。

傾聽是學會說話的第一步

科學家說我們的聽覺不僅僅是一種感覺，它是由四種不同層面的感覺組成的：生理層、情緒層、智力層和心靈層。眼睛和耳朵是思維的助手，透過它們，我們可以感受到真正的意義。當它們「動作」協調時，我們就能夠真正聽到別人在說些什麼，而不是草率地聽。高超的傾聽技巧會使人樂於為你做事、樂於與你共事，並且發自內心地喜歡你。我們在汲取他人有益的思想時，必須做的事就是要像前述那位主持人那樣，學會傾聽。聽別人說什麼，從他人的語言中提煉有價值的資訊，便於自己思考時使用。

誰想要從另一方那裡得到更多的東西，誰就必須做到一點：多聽少說。誰說得越多，誰獲得的東西就越少。在溝通中，讓對方說得越多，我們了解對方真正意圖的機會就越多。所謂知己知彼，百戰不殆。當你掌握的對方情況，遠比對方知道的你的情況還要多時，你自然就把握住了先機。

◆ Chapter 2　天天聊天，不見得就會聊天

健談未必有利

有人天生就有一張能說會道的嘴，口若懸河，滔滔不絕。然而，某位語言學家說：「潑婦罵街往往口若懸河，走江湖賣膏藥的人，更能口若懸河，然而我們並不承認他們會說話。」

侃侃而談不見得能為自己增添光彩，更不能說明自己有學問，相反，會帶來言而不實的感覺。一個人的話說得越多，別人聽得越多，一個人的人格特徵就不知不覺地顯現出來了，用心的人稍微留意一下便一清二楚。在社交場合中，少說多聽是一條永恆的守則。

明朝開國皇帝朱元璋，出身貧寒，少年時就放牛賺錢，替有錢人家做工，甚至一度還為了果腹而出家為僧。但朱元璋卻胸有大志，風雲際會，終於成就一代霸業。

朱元璋當了皇帝以後，有一天，他兒時的一位窮夥伴來京求見。朱元璋很想見見舊日的老朋友，可是又怕他講出什麼不中聽的話來。猶豫再三，總不能讓人說自己富貴了就不念舊情吧？還是讓人傳了舊日好友進殿。

健談未必有利

那人一進大殿，即行三跪九叩之禮，高呼萬歲，說：「我主萬歲！當年微臣隨駕掃蕩廬州府，打破罐州城。湯元帥在逃，拿住豆將軍，紅孩兒當兵，多虧菜將軍！」

朱元璋聽他說得動聽含蓄，心裡很高興，回想起當年大家飢寒交迫時有福同享、有難同當的情形，心情很激動，立即重重封賞了這個老朋友。

消息傳出，另一個當年一起放牛的老友也找上門來了，見到朱元璋，他高興極了，生怕皇帝忘了自己，指手畫腳地在金殿上說道：「我主萬歲！你不記得了嗎？那時候我們兩個都替人家放牛，有一次我們在蘆葦蕩裡，把偷來的豆子放在瓦罐裡煮著吃，還沒等煮熟，大家就搶著吃，把罐子都打破了，撒下一地的豆子，湯都潑在泥地裡，你只顧從地下抓豆子吃，結果把紅草根卡在喉嚨裡，還是我出的主意，叫你用一把青菜吞下，才把那紅草根帶進肚子裡。」

當著文武百官的面，「真命天子」朱元璋又氣又惱，哭笑不得，馬上喝令左右：「哪裡來的瘋子，來人，快把他拖出去砍了！」

話很多而又不怎麼會說的人的確很討人厭，就像朱元璋的第二個朋友一樣。電視主持人吳淡如就說：「我曾經很認真地觀察一位被公認為『很囉唆』的老媽媽。為什麼她明明心腸很

◆ Chapter 2　天天聊天，不見得就會聊天

好，可是大家一看到她走來就害怕，連她的小孩找不到東西都不肯問她？因為你問一句，她至少會回答三到五十句。」遇到這樣健談的人，大概誰都要發瘋吧？

換位思考，設身處地

孔子說：「己所不欲，勿施於人。」耶穌說：「你要別人怎樣對待你，你就要怎樣對待別人。」這兩句名言可真是換位思考的準確注解！說話有不同的方式、有不同的技巧。世界上沒有說不好的話，其關鍵是看你會不會轉變一下思想，站在對方的立場，先想想別人。

想讓別人相信你是對的，並按照你的意見行事，那需要人們喜歡你，否則你就無法獲得成功，可是如果你不能設身處地站在別人的角度、用對方的想法來思考，又怎麼可能成功呢？

最近有很多家電視臺，都陸續開設一些關於人生問題講座的節目，據說收視率要比其他同時段的節目高出許多。收視率之所以高，當然有許多原因，不過，最主要的還是因為節目中巧妙的對話，使人百看不厭。

大多數有疑難問題而上電視請教的觀眾朋友，在剛開始時，會對解答者的各種忠告提出反對意見或辯解，並且顯得十分不情願接受對方所言。但久而久之，不知不覺對解答者所說

◆ Chapter 2　天天聊天，不見得就會聊天

　　的每一句話都會頻頻點頭稱是。見了這些畫面，真是比在電影院中觀賞一部電影的感受還要深。凡電視臺的主持人或問答者，無不是精挑細選出來的，所以光是聽聽他們的說服方式也獲益不少。

　　蔡康永在《蔡康永的說話之道》這本書裡就提到了以下這一條說話原則——電影裡面，演到一個男生要第一次對一個女生開口，邀她一起出去玩時，常會出現這個男生在家裡演練的畫面。他一人分飾二角，自問自答，神經兮兮的，看電影的觀眾就笑了，這是有點好笑，但很有用，因為透過這樣的自問自答，你正在訓練自己「站在對方的立場來想」的能力。

　　對於不易說服的人，最好的辦法就是要使對方認為你也是與他站在同一立場。通常出現在探討有關人生問題的電視節目的觀眾朋友，離婚女子占多數。此時，負責解答疑難者說的一句話是：「如果我是你的話，我會原諒他的，而且絕不與他分手。」

　　千萬別認為話中的「如果我是你」只是短短單純的一句話而已，殊不知它能發揮的效力是不可限量的。而這也就是由於人人都有認為「自己是最可愛」的心理所致。

　　卡內基曾使用某旅館大禮堂講課。有一天，他突然接到通知，租金要提高三倍。卡內基前去與經理交涉。他說：「我接

到通知,有點震驚,不過這不怪你。如果我是你,我也會這麼做。因為你是旅館的經理,你的職責是使旅館盡可能營利。」緊接著,卡內基為他算了一筆帳,將禮堂用於辦舞會、晚會,當然會獲取更大的利益。「但你趕走了我,也等於趕走了成千上萬有文化內涵的中階管理人員,而他們光顧貴旅社,是你花再多的錢也買不到的活廣告。那麼,哪樣更有利呢?」經理被他說服了。

卡內基之所以成功地說服了經理,在於當他說「如果我是你,我也會這麼做」時,他已經完全站在了經理的角度。接著,他站在經理的角度上算了一筆帳,抓住了經理的重共鳴點——營利,使經理心甘情願地把天平砝碼加到卡內基這邊。

汽車大王亨利・福特(Henry Ford)說過一句話:「假如成功有什麼祕訣的話,就是設身處地替別人著想,了解別人的態度和觀點。」因為這樣不但能得到你與對方的溝通和理解,而且能更為清楚地了解對方的思想軌跡及其中的「要害點」,從而做到有的放矢,擊中「要害」。

每個人都有其弱點,只要你善於和他站在同一條陣線,就能找到其要害,從而一擊即中。

◆ Chapter 2　天天聊天，不見得就會聊天

最有效的安慰方式

　　人生不如意的事情總是很多，有人失業、有人失戀、有人離婚、有人生病，還有的突遭意外，這些都需要親友的安慰。我們都是好人，在安慰別人的時候，一定要找對方法，而不是讓人覺得自己是幸災樂禍，或者幫倒忙。

　　歌手張惠妹參加《星空不夜城》節目錄製的時候，回憶起自己去世的父親，特別是說到自己連最後一面都沒有見成的時候，哭得眼淚汪汪的。張惠妹本是故事主角，卻忍著淚水，倒是主持人藍心湄哭得一把鼻涕一把淚，竟哭得比阿妹還慘，最後反而形成嘉賓安慰主持人的有趣畫面。其實，藍心湄的做法挺好的，至少讓張惠妹不會陷進內疚的情感裡不可自拔。

　　在生活裡，當你的朋友找到了另一半，那麼，總有一天，你會擔任勸架的角色。她和男友吵架了，在你面前氣得大哭……這時候你說話可要講究一點技巧，要讓她在最短的時間裡消氣。男人和女人在婚內是不可能沒有摩擦的，從來沒有吵過架的兩人就是神話。所以，兩人吵架是正常的，而作為勸架

者，一定要站準位置。夫妻之間的感情常缺乏明確的邏輯是非，很難弄得一清二楚，勸架者切不可投入他們夫妻之間的齟齬。俗話說「夫妻床頭吵，床尾和」，勸架者應注意平息「戰事」，如果出於「義憤」從而「拔刀相助」，不僅會引起夫妻之間的反感，而且若是夫妻和好之時，調解者會很尷尬。

安慰別人的技巧就在於讓對方發洩出來，你可以成為一名傾聽者，等他說完了，問問他：「你需要我怎麼做？」或者是「我怎麼幫你呢？」這類話最有安慰效果了。不要打斷他的傾訴，讓他把話說完，這個時候他最需要的就是一個人能聽他說說自己的委屈。在傾聽的同時可以順應他的感受來回答，表達自己對其的同情心，鼓勵他說下去。也不要指導他該怎麼做，指手畫腳地出主意可不是什麼好方法，你只需在他詢問時，提出建議即可。

◆ Chapter 2　天天聊天，不見得就會聊天

理性與感性的說話時機

　　美國一位教育心理學家亞瑟・蓋茨（Arthur J. Gates），對小學五、六年級學生進行了記憶力、理解力和運動的測試。他發現，在不同的時間段下，學生們的測試成績也不同。一天可以細分為適合記憶的時間段和適合運動的時間段。

　　蓋茨在這項研究中指出，人們的心理會隨著時間發生變化：腦力活動（如計算和背誦）在接近中午的時候效率高，下午1點左右開始下滑，到3點有所上升，之後漸漸下滑；運動的效率在一天中持續上升，越到下午，肌肉的控制越流暢。大致來說，就是需要集中注意力的工作適合上午做。在這個時間段做整理資料、核對詳細數字的工作，效率會很高。至於商品推銷等工作，適合放在運動功能高漲的下午。如果早上很早就做商品說明的話，身體就沒有辦法順暢地運轉起來。

　　因此，心理學上把上午的時間稱作「理性的時間」，把下午的時間稱作「感性的時間」。舉例來說，上午時人們容易被邏輯所征服，下午則容易被氣氛感染。

理性與感性的說話時機

　　根據這個原理，如果上午與人見面，應該盡量表現出理性的一面，下午的話則要注重渲染氣氛。上午時的人會格外冷靜，會用客觀的眼光觀察商品。有研究顯示，客戶的錢包在上午總是關得很緊。因為他們的大腦中充滿了「理性」，不會頭腦不清楚亂買東西。

　　但是，不管什麼人，到了下午頭腦就開始不清醒了。因為他們的思考方式已經轉為「感性」，所以他們會把手伸向根本不需要的商品。就像原本多愁善感的人，喝醉了酒也愛哈哈大笑一樣。到了下午，人們感性就戰勝了理性，發揮更強的作用。

　　基於同樣的原理，如果你想向別人道歉的話，應該避開上午，選擇下午。剛剛吃飽了午飯，肚子圓鼓鼓的人，本來就不易發怒，更何況到了下午滿腦子都是感性的思維。如果你使用哭泣策略的話，肯定會被原諒。反之，上午去道歉的話，肯定會被狠狠追問原因，還會被絮絮叨叨埋怨半天。

　　想表揚別人、送別人禮物時，也應該選擇下午。上午的話，對方可能會運用他的理性思維，懷疑你背後是不是有什麼目的。如果是下午的話，對方就會很高興地接受，並且會真誠地向你道謝。

◈ Chapter 2　天天聊天,不見得就會聊天

Chapter 3
好口才是反覆磨練的成果

會說話並不是一種天賦,它是刻苦訓練出來的能力。

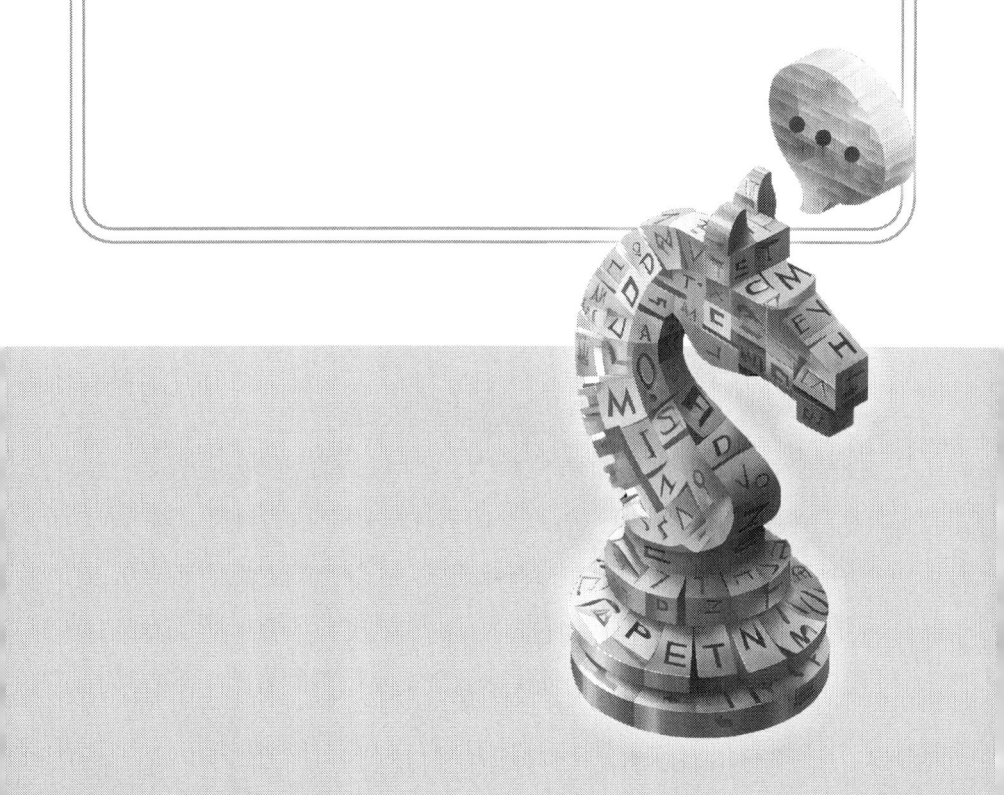

◆ Chapter 3　好口才是反覆磨練的成果

誰都有笨口拙舌的時候

　　有人說自己不會說話,很自卑,實際上,主持人也有笨口拙舌的時候。誰都不必要為此而感到不好意思。

　　有位主持人的經歷豐富,在節目中具有很強感染力,可是他原本也是一個笨嘴拙舌的人,甚至還有些口吃。

　　甚至直到小學五年級時,他還有口吃問題,如今有時候說急了也會結巴。他的哥哥聽說打人嘴巴能治口吃。所以他一結巴,哥哥就會突然打他,卻還是沒治好。

　　對此,他直言不諱:「到了國中,我還是很靦腆,不敢說話。所以我要特別感謝我的校長,是他慧眼識英才,挽救了我的一生。有一次演講比賽,他讓我參加。那時候,我雖然不能說,但我朗誦課文朗誦得不錯。那個年代的演講其實跟朗誦一樣,背熟了就能得獎。所以,我事先緊張而拚命地背。在家裡,我讓爸爸媽媽隨便挑出每段的第一個字,我立刻就能把那一整段都背出來。真是倒背如流!我哪裡知道,都熟到了這種程度,但一上臺,我還是哆嗦。我強迫自己站到臺上,開始以

誰都有笨口拙舌的時候

背誦的方式假裝演講。當我背第一段的時候，我腦子裡正想著第二段的第一個字是什麼。想起來，就能背下去。可是我背第二段時，怎麼也想不起來第三段的第一個字是什麼了。於是，我大腦一片空白，足足空了有一分鐘時間。面對著臺下無數雙眼睛，我嚇得尿了褲子。我記得，我在全校師生眾目睽睽之下，雙手把臉一捂，懷著屈辱哭著跑下臺。」

本來就有些口吃，第一次登臺又出了這麼大的醜，不過，這個校長真是個伯樂，看出來他的演講天分，硬是讓他參加了好多次演講比賽，把他訓練出來了。

其實，很多主持人剛開始都是笨口拙舌的，但是，他們都透過自己的努力，贏得了觀眾的掌聲。作為一個普通人，你不需要像他們那樣，說起話來如滔滔江水讓人鼓掌，但是也不能一直笨口拙舌下去。

◆ Chapter 3　好口才是反覆磨練的成果

高手就是不斷練習

也許每個人都會產生這樣的疑問，每個人也都有過這樣的夢想，希望自己有朝一日能像高手一樣口若懸河、侃侃而談。其實，答案很簡單，只要你勇敢地面對現實、大膽面對挑戰、堅持不懈地努力練習，你完全可以擁有出色的口才，實現自己的夢想。

著名主持人于美人在出道之前是學校的老師，當老師也是非常需要口才的。當時 KTV 還沒出現，卡拉 OK 也沒那麼普遍，不過練習唱歌風氣非常盛行，到處都有錄音室可以租借。而于美人為了練好自己的說話本領，曾經特地租借錄音室來練習說話。

據她說，在錄音室練習說話的好處除了可以更清晰地聽到自己的聲音，也可以訓練拿麥克風的能力與膽識。很多主持人都是拿著麥克風說話，也有很多人平常講話口若懸河、口才一流，但是一拿起麥克風，卻會一反常態地緊張不已，自動啟動「消音」功能。為了避免此等憾事發生，于美人努力訓練自己拿麥克風說話的能力。就這樣，到「試講」的時候才沒有犯什

麼大錯,被學校接受了。

雖然一般人都具有說話的能力,但是,那些有名的人比起一般人,更具有說好話的能力。會說話並不是一種天賦,它是刻苦訓練出來的能力。古今中外歷史上許多口若懸河、能言善辯的演講家、雄辯家,他們都是靠刻苦訓練而獲得成功的。

狄里斯在西歐被稱為「歷史性的雄辯家」。據說,他天生聲音低沉,且呼吸短促、口齒不清,旁人經常聽不到他在說些什麼。當時,狄里斯的祖國雅典有著嚴重的政治糾紛,因此,能言善辯的人格外引人注目、備受重視。儘管狄里斯知識淵博、思想深奧,十分擅長分析事理,能預見時代潮流和歷史發展趨勢,但是他認為,自己缺乏說話技巧,容易被時代淘汰。於是,他經過一番周密細緻的思考,準備好了精采的演講內容,第一次走上了演講臺。不幸的是,他遭到了慘重的失敗,原因就在於他聲音低沉、肺活量不足、口齒不清,以至於聽眾無法聽清楚他所言何事、何物。但是,狄里斯並不灰心,他反而比過去更努力地訓練自己的說話能力。他每天跑到海邊去,對著被浪花拍擊的岩石放聲吶喊;回到家中,又對著鏡子觀察自己說話的口型,練習發聲,堅持不懈。

狄里斯如此努力了好幾年,終於皇天不負有心人,再度上臺演說時,博得了眾人的喝采與熱烈的掌聲,並一舉成名。由此可見,只有刻苦勤奮、堅持不懈地努力練習,才會獲得令人

◈ Chapter 3　好口才是反覆磨練的成果

驚奇和矚目的成功。因此，我們不應該放過任何一次當眾練習講話的機會。

當我們參加某一個團體組織，或出席聚會時，不要只袖手旁觀，而要施展渾身解數，勤奮地練習口才。比如，主動協助他人處理一些工作、設法做各類活動的主持人，這樣，就有機會接觸那些口才好的人，可以向他們學習說話的技巧，自然而然，你也就可以肩負一些發表言論的任務。

培養自信，別只當應聲蟲

很多人在說話的時候，為了表示自己在認真地傾聽，就會不斷地重複他人的話尾，變成一隻「八哥」！

會當接話尾的「八哥」的人，自信心不足，太怕別人看輕自己，認為自己什麼都不懂；而會在別人沒講完時說「你要講什麼我已經知道了」，然後提出自己看法的人，可能很聰明、夠自信，但說話的 EQ 不夠高。久而久之，別人可能不會對你說出任何的肺腑之言，也不願與你分享什麼。這兩種方式常使大家談話的氣氛出現「怪怪」的狀況。

主持人吳淡如談到自己在一次主持節目的時候，遇到這樣一位「八哥」嘉賓。或許是因為這位嘉賓較少參加談話類節目的緣故，不論是主持人或者別的嘉賓說什麼，他都會重複他們的話尾，再說一遍，彷彿在告訴所有人：「這件事我也知道呢！」

於是這樣一來，主持人和其他嘉賓的談話就被他搞得亂七八糟，根本連接不起來了。甚至製作人也在一邊搖頭：「這樣很

◆ Chapter 3　好口才是反覆磨練的成果

難剪輯啊！」

　　吳淡如說自己恨不得告訴他：「冷靜下來，不是每一句話你都要附和！」最後，還是製作人舉起紙板要求那位嘉賓「讓別人把話說完整」才算結束。

　　一檔電視臺的辯論節目，取材很不錯，是時下很受關注的一件事，其論題簡單概括點說，就是群眾要不要打死小偷的問題。

　　正反雙方的嘉賓都勇於表達觀點，現場氣氛甚是緊張激烈。但是主持人根本駕馭不了現場，總是在嘉賓表達最有力觀點的時候，打斷嘉賓的話，甚至嘉賓再三提出「讓我把話說完」，主持人還是置若罔聞。

　　主持人不顧現場的觀點導向，生硬地插進她原本製作好的一段影片，搞得不倫不類，看得讓人糊里糊塗。她大概是依照自己原先的準備主持的，現場發揮的能力為零。

　　觀眾看了後非常生氣，這電視臺真能開玩笑，這種人主持個娛樂類節目還行，這等思辨類的節目，至少得找個有點文化涵養的人來主持，否則以其昏昏，怎能使人昭昭！

　　所以說，主持人的口才是由兩方面因素決定的，一是語言表達能力，一是文化內涵。文化內涵和語言表達能力是內容和形式的關係，形式雖然重要，但它是由內容來決定的。沒有文

化內涵的支撐，嘴再巧，也說不出好觀點。

有一本書中，就有著這方面的描述：海蒂在造句方面的本事不在她玩弄窗簾和灰塵的本事之下。要說些合轍押韻的話，她簡直是出口成章。她還養成一種重複別人話尾的習慣。若有人說：「我得了這麼一種頭痛⋯⋯」，海蒂就要重複：「這麼一種頭痛。」

其實，這類人只是對自己沒什麼信心，才會不斷重複別人的話語。「我告訴你」、「我知道」⋯⋯這些都是我們口中的重複性話語，往往在我們不那麼自信的時候冒出來，要想改變這種狀況，最好先培養出自己說話的自信來。

唐朝時候，宰相李紳位尊名盛，當他出使淮南的時候，一律不接見下人。一個小書生張祜偏要結識這位大人物，他先寫了名帖，署名「釣鰲客」。宰相李紳一見這名帖頓生怒氣，「一個名不見經傳的小書生竟然敢叫這個名字！」於是破例召見了他。

為了羞辱對方，李紳故意問道：「秀才既懂得釣鰲，那麼用什麼東西做釣竿呢？」

張祜脫口便道：「用長虹！」

李紳再問：「用什麼做釣鉤？」

張祜大氣張揚：「用新月！」

◆ Chapter 3　好口才是反覆磨練的成果

　　李紳再問:「用什麼做釣餌呢?」

　　張祐大笑:「用我做釣餌,當然也就不難釣到大鰲啦!」

　　聽到這些話,李紳高興地款待了這位口出狂言的書生,對飲聊天,不亦樂乎。

　　在上面的故事裡,小書生張祐能折服宰相李紳這個大人物,正是擁有一股自信,以磅礴氣勢給予了對方非常強烈、刺激的語言,其才華才最終得到了對方的認可。如果張祐跟其他人一樣對宰相李紳恭恭敬敬、一口氣都不敢喘,只是重複李紳的話、按照他的指示去走,那宰相可就要大發雷霆了吧!

總是留給對方一點面子

許多人把面子看得比什麼都重，所以，會聊天的人在說服別人的時候，懂得為人留面子，在必要的時候給予對方一個臺階下。聰明的人懂得如何不揭穿他人的謊言，免得使人下不了臺。也許有人會認為這樣做太傻，殊不知，「傻人」才是最聰明的。

為了不傷人面子，你可以在談話中替對方鋪臺階，可以假定雙方在一開始時沒有掌握全部事實，例如，你可以這樣說：「當然，我完全理解你為什麼會這樣想，因為你那時可能還不知道有這回事。在這種情況下，任何人都會這樣做的。」或者，「最初，我也是這樣想的，但後來當我了解到全部情況，我就知道自己錯了。」

有一位老師曾遇到過這樣一件事：下課了，班長向老師反映，昨天她爸爸送給她的生日禮物──一支黑色派克鋼筆不見了。老師觀察了一下全班同學的表情，發現坐在班長旁邊的學生神情驚慌、面色蒼白。

◈ Chapter 3　好口才是反覆磨練的成果

　　這位老師明白了一切，但如果當面指出，不僅沒有證據，還會傷害這位同學。於是，她想了想說：「別著急，肯定是哪位同學拿錯了，黑色的鋼筆實在太多了，互相拿來拿去是經常發生的事。只要等一下他看清楚了，一定會還給妳的。」果然，下課以後，班長就發現自己的鋼筆又回來了，不禁感嘆老師真是料事如神。

　　人們通常會為謊言尋找各種藉口，你若是一個精於交際之術的人，就會知道，面對別人的謊言，直接戳穿並不是最好的辦法，必要的時候給他一個臺階，才能說得他心服口服，體面地收起那套鬼把戲。

　　人都有一時衝動，做錯事、說錯話、得罪人的時候，如果以牙還牙，只會使事態變得更嚴重。不妨給對方一個臺階下，反而能使對方產生愧疚感，自動改正錯誤，悄然達到說服對方的目的。

向林志玲學習，聲音的力量勝過香水

集三千寵愛在一身的林志玲，從名模到主持人，又當演員、挑戰作家、擁有自己的事業，她是很多男人心目中的女神。而這位美人的聲音真的是讓人聽了就難以忘懷。

林志玲說：「我其實一直都是這個樣子說話的，我只是會保留那個原本真實的聲音，而我自己並不覺得它很嗲。」

你了解「聲音」的魅力嗎？聲音能夠傳達很多東西，可以左右人的思想，可以改變對方的決定，你試過嗎？如果你沒有靚麗的外表，沒有華麗的首飾和衣服，那麼不如練習讓自己的聲音更有味道吧，它甚至比你用名貴的巴黎香水都要重要。

聲音是人的「第二外貌」。聲音能夠展現很多魅力。

很少有人嘗試降低自己的聲線。也許你可以注意一下，當你把自己的聲音變得低沉時，對方會是一種什麼樣的表情。也許你會發現，你的聲音越低會越好聽，會越吸引人。低沉的聲音會顯得很有修養，更容易博得信任和尊敬。

聲音可以影響人的判斷力。聲音好聽，會引起對方的好感，

Chapter 3　好口才是反覆磨練的成果

從而讓他覺得你更能勝任某項工作,或者更具有領導能力。聲音同時可以反映一個人的心態。細小、單調、乏味的聲音,讓上司覺得你缺乏自信。音質寬厚、語調抑揚頓挫的聲音,可以放射出獨特的性格魅力,並且提高交流的效果。BBC(英國廣播公司)電視在一個節目中,播放了幾位世界級領袖人物的演講片段,包括約翰‧甘迺迪(John F. Kennedy)、邱吉爾、柴契爾夫人(Margaret Thatcher)、伊莉莎白二世(Elizabeth II)、馬丁‧路德‧金恩(Martin Luther King Jr.)等,要求聽眾辨別他們的聲音。受測試的人都能夠準確地說出他們的名字,因為這些有巨大威望的領袖的聲音都音質獨特、有權威感,他們的聲音也是吸引追隨者的魅力之一。

那些經過訓練的聲音和沒有透過訓練的聲音有很大的差別,你可以看一下國外電視節目中的主持人和播音員,他們從腹腔發出來的聲音,低沉而有力度,自然而不造作。

那麼,如何來訓練自己的聲音呢?

第一,聲音也要經過修飾,像你的面孔一樣。

聲音品質包括:高低音、節奏、音量、語調、抑揚頓挫。語調就像畫圖,會直接影響對方的反應。一個詞語的音調往往能表達很多種意思,你要試著找到最能表達自己感情的方式。

于美人在她的《講話課》裡就講過:「許多人第一次聽到自

向林志玲學習,聲音的力量勝過香水

己的聲音時都會非常驚訝。『我的說話聲音有那麼難聽嗎?』我也不例外。我第一次用錄音機錄下自己的聲音來播放時,真的是嚇了一大跳!我的聲音不但不清晰,喉音與鼻音也都很重,這樣的話要如何當南陽街老師呢?所以在那一年中,我只要有空就會用錄音機錄下自己的聲音,然後反覆調整。該如何調整呢?我提供一個獨門絕招跟大家分享。我建議你最好錄下自己的聲音,然後在晚上即將上床睡覺之前播放,如果你發現自己的聲音具有催眠效果、可以幫助你入眠,那就是該調整的時候了!當時我做這個測試時,發現我的聲音的確具有催眠自己的功效。如果不改善的話,那麼聽我講課的學生豈不是每個都呼呼大睡、打鼾聲不絕於耳嗎?所以我用錄音機自我調整了好幾個月,才徹底改善了我的『催眠音調』。」

第二,找到屬於自己的音質,能夠帶給對方舒適的感受。

你的音色、語調以及聲調變化占說話可信度的84%。這樣你就要找到屬於自己的特殊音質。專家建議日常生活中必須不斷地練習:準備說話前先喝一口水,做一下深呼吸,然後放鬆、微笑。發音咬字就像一串串明珠從口中流出。可概括為:氣息下沉,喉部放鬆;不僵不擠,聲音貫通;字音輕彈,如珠如流;氣隨情動,聲隨情走。

第三,避免不良說話習慣。

◆ Chapter 3　好口才是反覆磨練的成果

　　有些人有不良的說話習慣，自己卻不覺得，對方礙於情面不願意提出來，其實在他內心覺得反感。不良的說話習慣包括爆粗口、有口頭禪、喜歡打斷別人說話等。在工作中要注意改正。

Chapter 4
讓他人聽得進去、有問有答的技巧

聊天高手,往往不是平鋪直敘地去講一個故事,而是不斷地想辦法吊起你的胃口,讓你追問「後來呢」。

Chapter 4　讓他人聽得進去、有問有答的技巧

別總說你想說的，要說對方想聽的

著名口才大師卡內基說：「即使你喜歡吃香蕉、三明治，但是你不能用這些東西去釣魚，因為魚並不喜歡它們。你想釣到魚，必須下魚餌才行。」聰明的人在說服別人的時候，懂得迎合別人的嗜好，說對方想聽的，而不是只關注自己想說的，這樣能讓對方感覺到受重視、受尊重。

每個人都有自己想談論的東西，比如有的人喜歡籃球，有的人喜歡軍事，有的人喜歡音樂，有的人對演藝圈的八卦新聞感興趣，有的人對書法繪畫感興趣，有的人對烹調食物感興趣，有的人對神祕現象著迷……等等。許多家庭主婦碰面時，通常談論的話題是物價如何、孩子如何、家庭瑣事等，而商人們則談論經濟或是交際應酬時的趣事。可見不同的人愛好談論不同的話題。假如你對必須為三餐整天奔波的人大談各地風光、旅遊趣事，很有可能遭人白眼，他們連基礎的溫飽都成問題，哪還有心境和你議論各地的風光呢？但是如果你和他談致富的方法，他必定會很有興致，以至成為你的忠實聽眾呢！總之，每個人都有一項或是多項的興趣，會聊天的人在說服別人

的過程中,懂得說別人想聽的。

有一位從事童軍教育工作的愛德華・查利弗先生,有一次,他為了贊助一名童軍參加在歐洲舉辦的世界童軍大會,急需籌措一筆經費,於是他前往當時美國一家數一數二的大公司,拜會其董事長,希望董事長能解囊相助。在這之前,愛德華・查利弗聽說那位董事長曾開過一張面額100萬美金的支票,後來那張支票因故作廢,他還特地將之裱框起來,掛在牆上做紀念。

愛德華・查利弗一踏進他辦公室之後,立即針對此事,要求參觀一下他這張被裱框起來的支票。愛德華・查利弗告訴他,自己從未見過任何人開過如此鉅額的支票,很想見識一下,好回去說給那些小童軍聽。這位董事長毫不猶豫地就答應了愛德華・查利弗的請求,並將當時開那張支票的情形,詳細地解說給愛德華・查利弗聽。結果,董事長說完他那張支票的故事,未等愛德華・查利弗提及,就主動問他:「對了,你今天來找我,是為了什麼事?」於是愛德華・查利弗才一五一十地說明來意。

出乎意料,董事長不但答應了他的要求,而且還答應贊助五名童軍去參加該童軍大會,並負責全部開銷,另外還親筆寫了封推薦函,要求歐洲分公司的主管,提供所需的一切服務。

當時愛德華・查利弗若非事前知道董事長的興趣所在,一見

◆ Chapter 4　讓他人聽得進去、有問有答的技巧

　　面就投其所好,引他打開話匣子,事情恐怕就沒那麼順利了。
　　那些能言善道、在人際交往中如魚得水的人,往往在與對方接觸的一瞬間,就能找到雙方感興趣的話題,從而引發起交談的興致。在人際交往中,能用來接近對方的話題可說俯拾皆是,關鍵在於要善於根據特定的情境去發掘,並恰到好處地運用。除了投其所好、尋找對方感興趣的話題外,與之相類似的還有「藉助媒介法」,即以一定的物和事為媒介,作為引發交談的「因子」。

精簡表達，節省時間

　　湯瑪斯・愛迪生（Thomas Edison）說過：「最大的浪費就是時間的浪費。」你可曾想到老闆的時間是有限的，你要在最短的時間內把要表達的內容說清楚。老闆每天都會安排很多工作，因此，他們的時間不是論小時過，而是論分或論秒過的，他也許只有幾分鐘的時間能留給你，如果只夠你說個開場白，那麼你就該思考一下了，要提高說話的效率了。

　　在職場上，很多人覺得事無鉅細，每件事都向老闆彙報，每個細節都要讓老闆知道，才能突顯自己的工作效率。他們只是站在了自己的立場上看問題，並沒有替老闆想一想，很多時候，老闆只能關注重要問題和結果，他們無法分出更多精力來關注過程和細節，這就需要下屬挑重點彙報工作。

　　王小平從事銷售工作，說話喜歡兜圈子，也許是做業務的習慣。有什麼事情，他從來都不會直接說，他秉承的觀念是：酒桌上好辦事。因此，每次他有什麼問題的時候，就會約老闆吃飯，藉機拉近距離，也好辦事。

◆ Chapter 4　讓他人聽得進去、有問有答的技巧

　　這段時間公司業務有些忙，推出了兩個產品，剛剛投放市場，這本來不屬於王小平的業務範圍，但是他想同時做，怕貿然提出來，老闆會不同意，因此，決定晚上請老闆吃飯。

　　「張總，晚上有時間，請您吃個飯？」王小平中午敲開經理的門說。

　　「晚上有個應酬，你有什麼事？」

　　「也沒什麼事，就是想請您吃個飯！」

　　「晚上確實有事。」

　　「那明晚呢？」

　　「明晚也有安排，這段時間晚上都有安排。」

　　「真不巧。」

　　「你到底有什麼事？吃飯太浪費時間了，你直說吧！」

　　「還真有點事，就是那個新產品，您覺得我們能不能兼著一起做市場呢？」

　　「哦，這麼點小事，早說啊。沒問題，正想找兩個老業務員去接觸一下市場呢！做可以，但是一定要把客戶的意見回饋回報上來。你下午去行政部填個表就行了。」

　　「好好，一定會回報客戶回饋的。」

　　新產品抽成高，他沒想到老闆這麼痛快就答應了。

精簡表達，節省時間

有時候拐彎抹角還不如直來直去來得痛快。說話挑重點，節省對方時間，是對他人的一種尊重，是一種嚴謹的態度。反過來，浪費對方時間，輕則是讓人厭煩，重則無異於謀財害命。

挑重點，直接切入主題，也許對方更容易做出決定。像上面例子中，王小平如果直接說出自己的想法，也許老闆會痛痛快快地答應，轉來轉去到最後還是要說，那不如直接說好了，節省大家彼此的時間。

其實，在工作中這種情況很多，不知道話怎麼說，或者覺得直接說出來太唐突，你大可放心了，快刀斬亂麻，未嘗不是一件好事。做事的方式、聊天的技巧、說話的口氣等，都能影響到他人。切忌做一個絮絮叨叨的「祥林嫂」，重複一些沒有意義的事情。

◆ Chapter 4 讓他人聽得進去、有問有答的技巧

懸念設置：想知道後來怎麼了嗎？

人們都有好奇的天性，一旦有了疑慮，非得探明清楚不可。為了激起聽眾的興趣，可以使用懸念手法。在開場白中製造懸念，往往會收到奇效。製造懸念不是故弄玄虛，既不能頻頻使用，也不能懸而不解。在適當的時候應解開懸念，使聽眾的好奇心得到滿足，而且也使前後內容互相照應，結構渾然一體。

很多人在與人交談的時候，語言很乏味，提不起對方的興趣，關鍵就是不能吊起對方的胃口。這種懸疑式的聊天方式卻能一下子讓別人注意到你、認真去聽你說話。所以，聊天高手，往往不是平鋪直敘地去講一個故事，而是不斷地想辦法吊起你的胃口，讓你追問「後來呢？」。

戰國時代，魏國有一位大臣叫李悝，素以具有真知灼見而著稱。有一天，魏文侯問他：「吳國滅亡的原因何在？」

李悝立刻回答：「臣以為，滅亡的原因在於屢戰屢勝。」

「屢戰屢勝怎麼會亡國呢？」這可勾起了魏文侯的好奇心了。

懸念設置：想知道後來怎麼了嗎？

「屢戰，國庫匱乏，人民疲頓；屢勝，國王以為自己戰無不勝，無所不能。驕傲的君主統治疲憊的人民，怎麼能不使國家走向滅亡？」

魏文侯大大折服。

李悝將對君王的規勸包含在不合常理的回答中，乍一聽起來似乎不通，聽他解釋後，反而讓人深思，這就是懸疑式說話的好處。

有一位教師舉辦講座，這時會場秩序比較混亂，學生對講座不感興趣，老師轉身在黑板上寫了一首詩：「月黑雁飛高，單于夜遁逃。欲將輕騎逐，大雪滿弓刀。」寫完後他說：「這是一首有名的唐詩，廣為流傳，又被選進了課本。大家都說寫得好，我卻認為它有點問題。問題在哪裡呢？等一下我們再談。今天，我要講的題目是〈讀書與質疑〉。」這時全場鴉雀無聲，學生的胃口被吊了起來。

演講即將結束，老師說：「這首詩問題在哪裡呢？不合常理。既是月黑之夜，怎麼看得見雁飛？既是嚴寒季節，北方哪有大雁？」這樣首尾呼應，能加深聽眾印象，強化演講內容，令人回味無窮。

◆ Chapter 4　讓他人聽得進去、有問有答的技巧

問題越具體，回答越省力

　　提問得簡潔明瞭、言簡意賅，在動態的大場面中是最實用的！特別在採訪負面報導或事故新聞時，尤其要懂得一針見血。否則，你很容易被當事單位的發言人、當事人隨意打發。而那些自以為得意的「馬拉松式」和「講故事式」的提問，除了誤事和貽笑大方外，會有什麼益處呢？

　　作為訪談節目的主持人，最重要的工作就是不斷地提問。但是提問難免會問及令對方尷尬的問題，比如說，某記者在採訪美國前總統比爾·柯林頓（Bill Clinton）前，長官指示，一定要問問他莫妮卡·陸文斯基（Monica Lewinsky）的事情。這名記者感到有些為難，即使是一位卸任的總統也應得到尊重，怎麼去問人家這種難堪的問題？為了完成這個艱鉅的任務，這名記者做足了功課，了解柯林頓卸任以後建立了柯林頓圖書館，並在圖書館裡設立展廳，展示了陸文斯基事件始末。於是，記者就大膽地問柯林頓：「通常總統們在自己的圖書館裡都會展示那些讓自己感到非常驕傲的歷史，您為什麼要設計這樣的一個展示呢？」

柯林頓不愧是有涵養的政治家，他面對這個問題，談及他意在告訴後人美國黨派之爭的惡性發展。

記者又問道：「您在自傳裡說過，在陸文斯基事件初期您一直是過著雙重生活，什麼時候您才從這種痛苦中解脫的呢？」

這時，柯林頓毫不迴避地說：「因為我從小生活在一個父母離異、充滿暴力的家庭裡，我覺得別人不會理解我，我只有自己來處理自己的痛苦和麻煩，所以我一開始拒絕任何人進入我的空間。但是我最終決定把真相告訴我的妻子，我突然覺得我的痛苦解脫了，可以面對任何人了。」

在我們現實生活裡，每天都要面臨不少的提問「你吃飯了嗎？」、「你做什麼？」、「這個任務你完成了嗎？」……有的問題非常容易回答，而有的就不那麼好應付了。假如你站在發問者的角度，那就請給予對方一個簡單而具體的問題，別讓對方對你的問題摸不著頭緒，不知該如何作答。

比如，你問孩子：「今天早上你想吃什麼？」

他一定會歪著腦袋，想好久才會給你一個模稜兩可的答案：「隨便。」

你還不如這樣問他：「你今天早上想吃小米粥還是牛奶呢？」

他也就有了具體的選擇，也會很輕鬆地作答了。

◆ Chapter 4　讓他人聽得進去、有問有答的技巧

如果依舊沉默，那就這樣問

　　喬・庫爾曼幼年喪父，18 歲那年，他成為一名職業球手，後來手臂受傷，只得回到故鄉成為一名壽險業務員。29 歲那年，他成為美國薪水最高的業務員之一。在 25 年的推銷生涯中，他銷售了 40,000 份壽險，平均每日 5 份，這使他成為美國金牌業務員。

　　庫爾曼把自己的成功歸結為「用一句具有魔力的話來改變糟糕的局面」。這句有魔力的話是：「您是怎麼開始您的事業的？」庫爾曼在自己的傳記中寫道：「這句話似乎有很大的魔力，看看那些忙得不可開交的人吧，只要你提出那個問題，他們總是能擠出時間來跟你聊。」

　　他舉了一個最典型的例子來論證這種魔力。剛開始推銷時，他遇見了羅斯，一家工廠的老闆，工作繁忙。很多業務員都在他面前無功而返。

　　庫爾曼：「您好。我叫喬・庫爾曼，保險公司的業務員。」

　　羅斯：「又是一個業務員。你是今天第十個業務員，我有

很多事要做,沒時間聽你說。別煩我了,我沒時間。」

庫爾曼:「請允許我做一個自我介紹,10分鐘就夠了。」

羅斯:「我根本沒有時間。」

庫爾曼低下頭去看放在地板上的產品,用了整整一分鐘的時間,然後,他問羅斯:「您做這一行多長時間了?」

羅斯答:「哦,22年了。」

庫爾曼問:「您是怎麼開始從事這一行的?」

這句有魔力的話在羅斯身上發揮了效用。他開始滔滔不絕地談起來,從自己的早年不幸談到自己的創業經歷,一口氣談了一個多小時。最後,羅斯熱情邀請庫爾曼參觀自己的工廠。那一次見面,庫爾曼沒有賣出保險,但卻和羅斯成了朋友。接下來的三年裡,羅斯從庫爾曼那裡買了四份保險。

俗話說,「君子不開口,神仙也難下手」。所以,作為業務員,最怕對方三緘其口。如果遇到這種情況,你可以像庫爾曼那樣,說出那句有魔力的話。

◆ Chapter 4　讓他人聽得進去、有問有答的技巧

Chapter 5

快速聊出好交情
—— 開場、提問、接話

打破聊天冷場的方法很多,關鍵是要看我們能否隨機應變。

◆ Chapter 5　快速聊出好交情─開場、提問、接話

與任何人都能侃侃而談

　　我們在與他人談話之前，應該先了解對方可能感興趣的話題是什麼，即使每個人感興趣的話題不同，但都離不開日常生活。這也就是說，只要我們在平凡的生活中，堅持著敏銳的觀察力，就可蒐羅到豐厚的談話題材，進而能夠與不同階層的人交談。

　　美國前總統富蘭克林・德拉諾・羅斯福（Franklin D. Roosevelt）的傳記中透露，每一位羅斯福拜訪過的人，都會驚訝他何以全知全能。無論是牧童、農民、工人，還是政治人物、商業鉅子，都能和羅斯福談得很投機，這究竟是為什麼？難道羅斯福有什麼特異功能嗎？

　　當然不是，其實，原因很簡單，羅斯福是美國歷史上相當成功的政治人物，他深知獲取人心的捷徑，就是談論他認為最值得談的事。無論接見任何人，無論那個人地位高低，在前一天晚上，羅斯福會預先閱讀對方感興趣的談話資料。所以，見過他的人，對他的評價都非常高。

當然,不僅僅是政治人物或者超級富豪,就算是小到一名記者,也應該清楚地知道要如何投嘉賓所好。

有一位老記者去採訪一位科學家,到了科學家那裡,老記者看到牆上掛著幾張風景照,於是就談起了構圖、色調,原來這位科學家愛好攝影,他興致勃勃地拿出了他的相簿,談話氣氛非常融洽。正是由於這種氣氛,使後面的正題採訪進行得非常順利。

善於打破冷場可以消除尷尬冷落的場面,可以活躍氛圍。從某種角度上說,它可以作為交際中的一種良好契機,有利於和對方進行和諧的談話,從而促進求人辦事的成功。

俗話說:「酒逢知己千杯少,話不投機半句多。」託人辦事也是如此,要開動腦筋,注意觀察,迅速找到共同點,以此作為一種契機,與受託對象進行和諧投機的談話。

「流行」是最普遍的話題,例如當紅的明星、流行的服飾、流行語等,均有可能是熱門的議論話題。如果家長想和子女們談天,一定得先知道現在有哪些受歡迎的明星。同樣的,在辦公室或是私人聚會上,新鮮的流行趨向也可能是吸引人的話題,不過有些人對於新穎的事物,有時會因感覺不習慣而難免產生排擠感,然而,培養普遍的興趣,也是增加生活話題的前提之一。

Chapter 5　快速聊出好交情—開場、提問、接話

　　有經驗的記者能透過觀察和分析談話對象,迅速地找到一個可以引起雙方話題的共同點,打破那種不知從何談起的尷尬場面。

　　採訪和託人辦事差不多,這裡的經驗很值得借鑑。其實,打破聊天冷場的方法很多,關鍵是要看我們能否隨機應變,即時發現和找到對方關心或與對方有關的事物,像對方的愛好、習慣、家人、學術成就、個人特長等,都可以作為絕佳話題。對此,有必要多加探究。

天氣話題：永不失手的開場

有這樣一個故事，英國作家蕭伯納（George Bernard Shaw）有一天下午在街上散步，迎面走來一位老先生，對他說：「午安！天氣很好，不是嗎？」

蕭伯納幽默地回答：「是啊，但是在過去的兩個小時裡，已經有二十個人告訴過我了，謝謝你。」

和別人聊天，天氣是個經典的安全話題，全世界大概沒有比英國人更喜歡談論天氣了。在英國人見面寒暄的開場白中，十之八九是從天氣開始談起，就像美國人見面常說的第一句話：「How are you doing ?」這樣的模式幾乎已經是一條不成文的定律。沒有人知道這樣的定律是什麼時候形成的，也沒有人知道這條定律是從哪來的。

為什麼非要談論天氣呢？英國的天氣變化很快，在英國北部更是明顯，現在還是大晴天，下一刻可能就颳風下雨，陰晴不定的天氣永遠是個好話題。除了這個客觀的地理氣候因素之外，我猜想，談天氣總是比問候對方近來如何更中性，也更適

◆ Chapter 5　快速聊出好交情─開場、提問、接話

合初次見面或不太熟識的朋友吧。

主持人在主持節目的時候，為了排解嘉賓的緊張情緒，有時候也會從天氣開始聊起，等嘉賓慢慢適應環境後，再問一些準備好的問題，這樣效果就比較好了。

就是因為談天氣容易產生共識，又不涉及個人隱私，談天氣的重點和目的，其實和天氣根本無關。很奇怪吧，英國人談天氣的目的，並不是真的對天氣有興趣，而是想要先在兩人中間找到共識和共同點，然後再接著聊下去。

所以，聽到英國人說：「天氣不錯，不是嗎？」即使你覺得有點冷，也一定要回答：「沒錯，天氣的確很好。」規律就是──不管怎麼樣，都表示同意對方的觀點說「Yes」，最好再點個頭加強贊同的語氣，這樣對方才會覺得你和他有「共同點」，能深聊下去。這就是英國人在談天氣時約定俗成的交流方式，難怪英國人類學家凱特・福克斯（Kate Fox）在《瞧這些英國佬》（*Watching the English: The Hidden Rules of English Behaviour*）一書中，將這樣的法則稱為「贊同定律」。

有一個朋友剛去英國時，並不知道這條「贊同定律」。在一次午休的時候，他和一名英國同事一起去吃午飯，剛要走出辦公室，英國同事就對他說了一句：「天有些涼，是吧？」可是那天明明是大晴天，而且氣溫比前幾天回升了不少，這位朋友覺得一點都不冷，所以他就回答：「不，一點都不冷。實

天氣話題：永不失手的開場

際上，我覺得今天挺暖和的。」可想而知，這位英國人當場愣住，一時間說不出話來，過了好幾秒後，他才說道：「也是，我太太也覺得今天很暖和。」

英國同事的確夠紳士，還試著幫人家打圓場。所以，千萬要記住，如果英國人聊起天氣，你一定要回答「Yes」，然後再接下去談其他話題，不然可能就聊不下去了。我們可以參照這條定律，來和陌生人聊天，即景生題就是不錯的方法之一。

如在教師節慶祝大會上，如果天氣陰沉沉的，你可以這樣開頭：「今天天氣不太好，陰沉昏暗，但我們卻在這裡看到了一片光明。」接著轉入正題，謳歌教師的偉大靈魂和奉獻精神，他們燃燒了自己，照亮了別人和人類的未來。

這樣，接下來的談話或者採訪就能更加順利地進行下去。

◆ Chapter 5　快速聊出好交情─開場、提問、接話

掌握每個人都想聊自己的心理

不可否認,我們都存在這樣一個心理,在聊天的時候,誰都想聊自己。正如每把鎖都會有相應的鑰匙,每個人都有其獨特之處,先要把握好「點」,把握好角度,才能溝通得輕鬆、順暢。

喬‧吉拉德(Joe Girard)對這一點感觸頗深,因為他從自己的一個顧客那裡學到了這個道理,而且是從教訓中得來的。

那一次,喬‧吉拉德花了近一個小時才讓他的顧客下定決心買車,然後,他所要做的僅僅是讓顧客走進自己的辦公室,然後把合約簽好。

而當他們向喬‧吉拉德的辦公室走去時,那位顧客開始向喬提起了他的兒子。

「喬,」顧客十分自豪地說,「我兒子考進了普林斯頓大學,他要當醫生了。」

「那真是太棒了。」喬‧吉拉德回答。

倆人繼續向前走時,喬‧吉拉德卻看著其他顧客。

掌握每個人都想聊自己的心理

「喬,我的孩子很聰明吧,當他還是嬰兒的時候,我就發現他非常聰明瞭。」

「成績肯定很不錯吧?」喬‧吉拉德嘴裡應付著,眼睛卻在四處看著。

「是的,在他們班,他是最棒的。」

「那他高中畢業後打算做什麼呢?」喬‧吉拉德心不在焉。

「喬,我剛才告訴過你的呀,他要到大學去學醫,將來當一名醫生。」

「噢,那太好了。」喬‧吉拉德說。

那位顧客看了看喬,感覺到喬‧吉拉德太不重視自己所說的話了,於是,他說了一句:「我該走了。」便走出了車行。喬‧吉拉德呆呆地站在那裡。下班後,喬‧吉拉德回到家回想今天一整天的工作,分析自己成功完成的交易和失去的交易,並開始分析失去客戶的原因。

第二天上午,喬‧吉拉德一到辦公室,就打了電話給昨天那位顧客,誠懇地詢問道:「我是喬‧吉拉德,我希望您能來一趟,我想我有一輛好車可以推薦給您。」

「哦,世界上最偉大的業務員先生,」顧客說,「我想讓你知道的是,我已經從別人那裡買到了車啦。」

「是嗎?」

◆ Chapter 5　快速聊出好交情—開場、提問、接話

「是的，我從那個欣賞我的業務員那裡買到的。喬，當我提到我為我兒子感到驕傲時，他是多麼認真地聽。」顧客沉默了一會兒，接著說：「你知道嗎？喬，你並沒有聽我說話，對你來說，我兒子當不當得了醫生並不重要。你真是個笨蛋！當別人跟你講他的喜惡時，你應該聽著，而且必須聚精會神地聽。」

剎那間，喬・吉拉德明白當初為什麼會失去這名顧客了。原來，自己犯了如此大的錯。

喬・吉拉德連忙對顧客說：「先生，如果這就是您沒有從我這裡買車的原因，那麼確實是我的錯。換成是我，我也不會從那些不認真聽我說話的人那買東西。真的很對不起，請您原諒我。那麼，我能希望您知道我現在是怎麼想的嗎？」

「你怎麼想？」顧客問道。

「我認為您非常偉大。而您送您兒子上大學也是一個非常明智之舉。我敢確信您兒子一定會成為世界上最出色的醫生之一。我很抱歉，讓您覺得我是一個很沒用的傢伙。但是，您能給我一個贖罪的機會嗎？」

「什麼機會，喬？」

「當有一天，若您能再來，我一定會向您證明，我是一個很忠實的聽眾，事實上，我一直就很樂意這樣做的。當然，經過昨天的事，您不再來也是無可厚非的。」

兩年後，喬‧吉拉德賣了一輛車給他，而且還透過他的介紹，獲得了他的許多同事購買車子的合約。後來，喬‧吉拉德還賣了一輛車給他的兒子，一位年輕的醫生。

從此以後，喬‧吉拉德再也沒有在顧客講話時分心。而每一位進到店裡的顧客，喬都會問問他們，問他們家裡人怎麼樣了、做什麼的、有什麼興趣愛好等等。然後，喬‧吉拉德便開始認真地傾聽他們講的每一句話。所有的顧客都很喜歡這樣，那給予了他們一種受重視的感覺，他們認為，喬‧吉拉德是最會關心他們的人。

◆ Chapter 5　快速聊出好交情─開場、提問、接話

不要只聊小眾話題

　　說話最主要的目的就是讓人聽懂,而要讓人聽懂一定要採用人們通常的語言,說話太亂只會讓人弄不清東西南北。有人學問比較高深,說出來的話往往讓人聽不懂,別人都聽不懂的話,誰還願意聽呢?所以,別聊只有少部分人才懂的話題。

　　曾經有一位著名醫生,他在演說訓練班上說:「橫膈膜的呼吸,對於腹部的蠕動有很大的幫助,而且也很有助於健康。」他這樣說了之後,就開始講別的話題,主持人連忙制止了他,要他把橫膈膜的呼吸和其他的呼吸有什麼不同說出來,為什麼對身體特別有益?還有,蠕動的動作是什麼?

　　這話使那醫生十分驚訝,於是又重新解釋說:「橫膈膜是一層很薄的膜,它的位置是在胸部和腹部的中間,當你在做胸呼吸的時候,它的形狀正像一個豎著的盆;你做腹部深呼吸的時候,它被空氣擠壓著,差不多由弧形而變成了平面。在這時候,你可以感覺到你的胃壓迫著你的腰。所以,橫膈膜向下的壓力,摩擦並刺激到你腹腔上部的各種器官,像胃、肝、胰以及上腹部的神經網等。當你撥出空氣的時候,你的胃和各種上

腹部的臟器被橫膈膜推了上去,這一個摩擦,是幫助你排泄作用的。凡是消化不良以及便祕等疾病,大都可以由橫膈膜的呼吸練習而消除的。」經他這樣一解釋,在場的人這才恍然大悟。

這個故事告訴我們,平易近人的文字有著它不可替代的作用。在與人聊天交談中,用詞造句的準確性和恰當性對交談結果產生著至關重要的作用。因此,我們必須注重對此項環節的訓練,以使我們在以後的社交場合中做到用詞準確,達到靈活變通的程度。

有一回,海瑞‧溫斯頓(Harry Winston)讓公司裡的一名珠寶專家去為荷蘭一位富豪介紹一顆昂貴的鑽石。

珠寶專家詳盡而細緻地講解了該鑽石一流的質地、高科技的切割工藝以及各項珠寶鑑定指數。荷蘭富豪聽了講解後,只是禮貌性地點了點頭。等專家一介紹完,他便站起身來要告辭:「謝謝你,這顆鑽石確實非常棒,但它並不是我想要的。」

看到荷蘭富豪要走,坐在一旁的溫斯頓趕忙上前攔住了他:「先生,讓我再為您介紹一下這顆鑽石,可以嗎?」

客人出於禮貌,便再次坐下。溫斯頓從珠寶專家手中接過了鑽石,但他並沒有用任何術語,而是抒發了自己對這顆鑽石的無限熱愛:「這是我最喜愛的鑽石之一,您看,它在陽光

◈ Chapter 5　快速聊出好交情—開場、提問、接話

下是那麼晶瑩剔透、那麼璀璨奪目,它的美多麼像天使的臉龐,令人怦然心動啊!我想,您也會和我一樣愛上它的,不是嗎?」

荷蘭富豪聽了溫斯頓的話之後,連連點頭說:「那麼,請把它賣給我吧。」於是,一顆價值數百萬美元的鑽石,便在溫斯頓說了幾句話之後,找到了新主人。

珠寶專家的話,不能說不好,但那卻是不帶多少情感因素的冷靜的介紹,對於喜愛收集鑽石珠寶的荷蘭富豪來說,他一定無數次聽到過類似的介紹,因此,專家的話並沒有帶給他新鮮的感受,甚至讓他感覺到很無趣。對荷蘭富豪來說,他收集鑽石珠寶,是因為他喜愛它們,至於各種「質地」、「切割工藝」、「鑑定指數」對富商來說並不是最重要的,所以專家的介紹,並沒有說到他的心坎上,也就沒能打動他。

溫斯頓的話,卻將在珠寶專家眼中冰冷昂貴的鑽石,描繪成了美的化身,成了美麗的天使。溫斯頓的話讓聽者感覺到,他對鑽石飽含著感情、滿含著熱愛、充滿了讚嘆、凝聚了激情,從而極富感染力,深深地影響了富商,使之聽著順耳,心有所動,迅速改變了主意,把鑽石買了下來。

聊天不是競賽，別急著搶答

在聊天的時候，有的人喜歡「搶答」，就好像有獎競賽一樣，迫使對方處在被動角色，久而久之，大家都會不大喜歡與其交流了。

有的媽媽喜歡打斷孩子的話，說出自己的想法，讓孩子尷尬難堪。

有一次，南安去朋友家玩，朋友的孩子從外面跑進來興奮地說：「媽媽，我剛才去了文具店，看到一種神奇的組裝機器人。」

這個朋友可能是認為孩子想要買那個機器人，趕緊打斷孩子說：「媽媽沒有錢，你應該知道的吧？」

結果，孩子馬上就不高興了，孩子提起機器人未必就是想買，所以交談可不是什麼有獎搶答，不能急著回答。

汽車業務員喬治經朋友介紹，打算去拜訪一位曾經買過他們公司汽車的商人。見面時，喬治照例先遞上自己的名片：「您好，我是汽車公司的銷售員，我叫……」才說了不到幾個字，

◆ Chapter 5　快速聊出好交情―開場、提問、接話

該顧客就以十分嚴厲的口氣打斷了喬治的話，並開始抱怨當初買車時的種種不快，例如服務態度不好、報價不實、內裝及配備不對、交接車的時間等待得過久等等。

顧客在喋喋不休地數落著喬治的公司及當初販賣汽車的業務員，喬治只好靜靜地站在一旁，認真地聽著，一句話也不敢說。

終於，那位顧客把以前所有的怨氣都一股腦地吐光了。當他稍微喘息了一下時，方才發現，眼前的這個業務員好像很陌生。於是，他便有點不好意思地對喬治說：「年輕人，你貴姓呀？現在有沒有好一點的車種，拿一份目錄來讓我看看，為我介紹介紹吧。」

當喬治離開時，已經興奮得幾乎想跳起來，因為他的手上拿著兩臺汽車的訂單。

從喬治拿出產品目錄到那位顧客決定購買，整個過程中，喬治說的話加起來都不超過十句。汽車交易拍板的關鍵，由那位顧客道出來了，他說：「我是看到你非常實在、有誠意又很尊重我，所以我才向你買車的。」因此，在適當的時候，讓我們的嘴巴休息一下吧，多聽聽顧客的話。當我們滿足了對方被尊重的感覺時，我們也會因此而獲益的。

向拉布拉多犬學習 —— 使用眼神的技巧

在人的所有表情中,眼神大概是最複雜的。眼神是心靈的語言,人類的喜怒哀樂、愛憎親疏,無不在眼神中有所反映。所以人們都說,「眼睛是心靈的視窗」。眼神所透出的訊息,不同膚色、不同語言的人一般都能讀懂。細心的觀眾會發現,當你聚焦訓練有素的主持人臉龐的時候,你就會發現他們眼神的一瞥、一閃,一眨、一亮或者一閉、一睜,都是一種無聲的語言,生動地傳遞著內心情感。

交談時,要勇於和善於和別人進行目光接觸,這既是一種禮貌,又能幫助維持一種連結,談話在頻頻的目光交流中可以持續不斷,更重要的是眼睛能幫你說話。

交談中不願進行目光交流的人,往往讓人覺得是在企圖掩飾什麼,或心中隱藏著什麼事;眼神閃爍不定則顯得精神上不穩定,或個性不誠實;如果幾乎不看對方,那是怯懦和缺乏自信心的表現,這些都會妨礙演講。當然,和別人進行目光交流並不意味著一直盯著對方。

Chapter 5　快速聊出好交情—開場、提問、接話

　　研究顯示，交談時，目光接觸對方臉部的時間宜占全部談話時間的 30%～60%，超過這個界限，可認為對對方本人比對談話內容更感興趣；低於這一界限，則表示對談話內容和對方都不怎麼感興趣，這在一般情況下都是失禮的行為。

　　在這一點上，于美人在她的《說話課》裡，叫我們向拉布拉多犬學習：「拉布拉多犬的眼神既親切、又友善，有時有點無辜、有時又帶著詼諧，但是它永遠會直視著你，從來不會用斜視、偷瞄的方式，而且拉布拉多犬很有智慧、也很有技巧，它不會用百分之百的時間緊盯著你，讓你感到手足無措！它堅持用百分之八十的時間來看著你，其他時間它會哈哈氣、小歇片刻。」

　　在華人社會，對目光有禮節要求，一般忌諱用眼睛死死地盯視別人，認為大眼瞪小眼地看人是沒有禮貌的表現，怎樣做才不失禮呢？禮貌的做法是：用自然、柔和的眼光看著對方雙眼和嘴唇這之間的區域，目光停留的時間占全部談話時間的 30%～60%，也就是說，既不死死盯著對方，眼珠也不來回轉動，讓人心慌意亂。

　　心理學家認為，談話雙方彼此注視對方的眼睛能令彼此產生良好的印象。這話有道理，但關鍵是如何注視？目不轉睛地凝視，會讓對方感到不自在，甚至還會覺得你懷有敵意。而游

向拉布拉多犬學習─使用眼神的技巧

移不定的目光,又會讓對方誤以為你是心不在焉、不屑一顧。在整個談話過程中,最佳的目光接觸,應該是在開始交談時,首先進行短暫的目光接觸,然後眼光瞬時轉向一旁,之後又恢復目光接觸。就這樣「循環往復」,直至談話結束。人們常說,「眼睛是心靈的窗戶」。談話者往往透過對方的眼睛來了解他的所思、所想。因而,談話時雙方目光的接觸,並非簡單的接觸,它是一種無聲的語言。目光是各式各樣的,可以犀利如劍,也可以柔情似水,但是這兩種目光都不適合用在與顧客談話上。能獲得他人好感的目光應該是誠懇而謙遜的,既不卑也不亢,既尊重他人,也尊重自己。

◆ Chapter 5　快速聊出好交情─開場、提問、接話

Chapter 6
讓人不知不覺喜歡與你聊天的技巧

和別人交談,要看得懂對方的情緒,挑一些對方感興趣的話題。

Chapter 6　讓人不知不覺喜歡與你聊天的技巧

帶有魚尾紋的微笑能增添好感

微笑是讓人顯得親和、不做作的重要原因。親切感，是無障礙溝通的基礎，擁有親切感，是成功溝通的前提。沒有微笑，我們只能看見自己的觀點，而把錯誤、責備、羞恥、缺陷等強加到別人身上。

微笑是「對距離的想法」，是與他人共享同一個空間的能力；微笑是交際主體與人交流時所散發出來的讓交際對象欽佩、讚賞、認同的高尚品德和人格魅力；微笑是發自內心的一種感染力，是人生性隨和、性格淡然，保持平常心的一種表現，讓人感覺很面善、很舒服、很自然，大家都喜歡和你說話、合作，不會嫉妒你；微笑是在人與人相處時所表現的親近行為的動力程度和能力，促使交際主客體凝聚，從而產生和諧的交際意境，使交際更富有人緣魅力。

心理學家研究顯示：如果你決定提高你的社交技巧，決定結婚（自願的）或者至少跟一個人住在一起，決定追求有意義的目標，並且在過程中、在小事上享受快樂，那麼，你的幸福感就能提升10%～15%；如果你能不吝惜自己的微笑，親和

帶有魚尾紋的微笑能增添好感

地對待他人，那麼你的幸福感就能提升 20%～25%。

　　有位主持人在節目上一臉燦爛的笑和兩個可愛的小酒窩，讓很多觀眾覺得她像鄰家女孩一樣親切、自然、不造作，以親和、大氣的主持風格得到廣大觀眾的喜愛。

　　有位網友說：「我常看這個節目，很喜歡她的主持風格。她的自信和微笑為我帶來了許多面對一天的生活的勇氣。」

　　古人說，淑女笑不露齒。可是該位主持人在節目中不但不吝嗇她的笑，且與「笑露八顆牙」足有一拚，親和爽朗的主持風格猶如一股清新的晨風，絕非常人可以招架。平時聊天中，她豪爽的笑聲也會將你頻頻「淹沒」，你定會因與她的交談而擁有一天的好心情。

　　主持人的笑首先向觀眾傳遞了友好、親切、真誠的訊號，這也讓她能夠以一種輕鬆、自然、率真的姿態表達自己的所思所想。

　　斯坦哈德在紐約證券交易所上班，他給人一種很嚴肅的感覺，很難在他臉上見到一絲笑容。斯坦哈德結婚已有十八年了，這麼多年來，從他起床到離開家這段時間內，他很難得對自己的太太露出一絲微笑，彼此也很少對話，家裡的氛圍很沉悶。

　　他決定改變這種狀況。一天早晨他梳頭的時候，從鏡子裡

Chapter 6　讓人不知不覺喜歡與你聊天的技巧

看到自己那張繃得緊緊的臉孔,他就對自己說:「你今天必須要把你那張凝結得像石膏像的臉鬆開來,你要展現出一副笑容來,就從現在開始。」

坐下吃早餐的時候,他臉上有著一副輕鬆的笑意,他向太太打招呼:「親愛的,早!」

太太的反應是驚人的,她完全愣住了,可以想像到,那是多麼令她意想不到的高興,斯坦哈德告訴她以後都會這樣。從那以後,他們的家庭氛圍也豐富有趣了許多。

現在斯坦哈德去辦公室,會對服務員微笑地說:「早安!」去櫃檯換錢時,他臉上也帶著笑容。他在交易所裡,對那些素昧平生的人,臉上也帶著一絲笑容。不久後他就發現每一個人見到他時,都向他投之一笑。

現在斯坦哈德是一個跟過去完全不同的人了,一個更快樂、更充實的人,因擁有友誼及快樂而更加充實。

如果你覺得自己笑不出來,那怎麼辦?不妨試一試,強迫自己微笑。如果你單獨一人的時候,吹吹口哨、唱唱歌,盡量讓自己高興起來,就好像你真的很快樂一樣,那就能使你快樂。哈佛大學的威廉・詹姆士(William James)教授曾說:「行動好像是跟著感覺走的,可是事實上,行動和感受是並行的。所以你需要快樂時,就要強迫自己快樂起來。」

帶有魚尾紋的微笑能增添好感 ◈

人是很容易被感動的,而感動一個人靠的未必都是慷慨的施捨和巨大的投入。往往一個熱情的問候、溫馨的微笑,也足以在人的心靈中灑下一片陽光。如果你要改變,那就先從改變那副板著的面孔,露出一個微笑開始吧。

◆ Chapter 6　讓人不知不覺喜歡與你聊天的技巧

快速讀懂對方的情緒，選擇契合話題

　　與他人聊天最好先探查一番，這可不是費力，也不是自找麻煩，做到明白對方狀況再開口，找準對方感興趣的事再說話，那麼你更容易達成目的。

　　有一些人和別人交流，喜歡把自己放在居高臨下的位置，這就不可避免地導致他們會對別人的談話進行判斷，甚至強硬地、武斷地下自以為是的結論。「這些年，您一個人生活得太孤獨了。」說話的人的表情中帶著一種廉價的憐憫。

　　「不，我一個人生活得很好，一點都沒有感到孤獨。」對方絲毫不領情。

　　說話的人依然很執著：「鬼才相信呢。」

　　如果面對這樣的談話對象，那我們很可能三句話後就會拂袖而去。

　　所以無論談話還是採訪他人，都要設身處地挑對方感興趣的話題，才能順暢地進行下去，否則只會是相反的效果。

　　還有的人在和別人交談時，就像個小學生，腦子裡裝著十

萬個為什麼,什麼都問,結果弄得對方煩不勝煩,最後很可能不歡而散。

事實上,和別人交談,要看得懂對方的情緒,挑一些對方感興趣的話題。以「真誠」的態度、「合作」的心態,發自內心、真誠地和對方交流,這樣,對方才會感到親切以及產生交流的意願。

乾隆年間,林爽文在**臺灣興兵起義**,負責鎮壓的部隊屢屢受挫,引起了乾隆的擔心,他表示要御駕親征。

和珅在乾隆身邊,看在眼裡,急在心裡,不就是一幫蟊賊嗎?偌大的一個朝廷誰都管不了嗎?非要讓皇帝御駕親征,這不明擺著大清國太弱了嗎?如果御駕親征,朝廷勢必會亂成一團,因此和珅需要想出一個理由,阻止乾隆。

和珅很快地轉動腦筋,如果乾隆不去,誰能鎮壓下去呢?得想個辦法,既能說到皇帝的心坎裡,又能解決問題。

和珅說的話大意如下:皇上,**臺灣戰事不佳有其原因**,這麼多年來,您愛民如子,輕徭薄賦,人頭稅都免了,只徵一點地稅,哪裡找得到您這麼好的皇上?但是臺灣不一定知道您的仁慈啊,不一定知道您的恩德,原因在於當地官員,您派去管理臺灣的人,他沒有把您的恩德帶到臺灣,所以才有人起義。依奴才愚見,最好還是兩方面做準備:繼續用兵;裁撤臺灣官

◆ Chapter 6　讓人不知不覺喜歡與你聊天的技巧

員,重派新的官員,將您的仁德帶給臺灣人。

寥寥數語就說進了皇帝的心,最後乾隆決定派別人去征討,同時,撤換了臺灣的官員。

先檢視對方的情緒在哪裡出了問題,找出對方感興趣的問題,並幫助其解決,對方聽了怎麼會不中用、不愛聽呢?在這個過程中,和珅很快地解決了三個問題:阻止了乾隆的親征、誇了乾隆的功德仁義、指出了起義的癥結和破敵的方略。這樣向皇帝進言的下屬,能被皇帝幾十年如一日的喜歡呵護,一點也不足為怪。

聊天時多叫對方的名字

人們認為，自從柏拉圖（Plato）和蘇格拉底（Socrates）以來，多數人都覺得自己的名字是世界上最動聽的聲音，會對包含其名字的話語給予更多的關注。此外，稱呼對方的名字也可以讓對方覺得你的讚揚是專門針對他的。

在和陌生人交往的過程中，記住對方的名字很重要。能夠記牢對方的姓名，可以快速拉近彼此的距離，使對方對你產生良好印象。

無論對哪一個人而言，他的名字都是語言中最甜美、最重要的聲音。認真記住別人的名字，能讓你結交更多的朋友、開拓更多的道路，使你的事業更加成功。

歌手梁靜茹在上某檔節目的時候，主持人就時不時地說「靜茹」，讓梁靜茹感到分外親切。她們還聊到梁靜茹的婆婆，大談婆媳關係，而主持人為了給梁靜茹一個驚喜，還現場聯絡了梁靜茹的婆婆。梁靜茹的婆婆也是一位說話高手，一開始說話就先誇：「靜茹是一個非常細心、非常貼心的女孩。」

Chapter 6　讓人不知不覺喜歡與你聊天的技巧

　　接著主持人還專門問一下這個婆婆對兒媳的看法，婆婆又說：「靜茹給我第一印象是非常溫柔、體貼，自從結了婚以後，她就變得很開朗，還很勇於表現。」

　　大概不只是梁靜茹，在場的觀眾也都能被這位婆婆給俘虜了！

　　熟記對方的姓名，在任何時候，都是一件不能疏忽的事情。記住對方的名字，並把它叫出來，等於給對方一個很巧妙的讚美。在和陌生人交流時，這一點尤為重要。

　　吉姆‧法利（James Farley）是羅斯福競選總統時的總幹事，他在西元 1899 年出生在紐約，由於家境貧寒，吉姆 10 歲就輟學去磚場打零工。

　　吉姆是個樂天派，他從一個童工做起，經過 30 年的努力，在 46 歲那年，被四所大學授予名譽學位，並且擔任美國郵政總監和民主黨全國委員會主席，最後將羅斯福推上了總統寶座。

　　一個幾乎完全沒受過教育的工人，卻能成為總統的左右手。這樣的傳奇讓鋼鐵大王安德魯‧卡內基（Andrew Carnegie）感到很驚奇，於是他向吉姆請教成功的祕訣。

　　吉姆的回答簡單有力：「苦幹！」

　　卡內基對這個答案並不滿意，他還有些懷疑。

「這樣吧！那你覺得我為什麼能成功？」吉姆反問卡內基。

卡內基想了想之後回答說：「我知道你能叫出一萬個人的名字。」

「不，不是這樣。」吉姆笑著說，「我能叫出五萬個人的名字。」

就憑著這項專長，吉姆幫助羅斯福獲得了總統職位。

在一家石膏企業擔任外務員時，吉姆就已經知道一般人對自己名字的興趣，絕對勝於世上其他的文字。如果能把對方的名字當面叫出，對對方而言是一種尊重。相反，如果把對方的名字忘了或記錯，後果就難以想像了。

吉姆自創了一套記憶姓名的辦法。無論何時何地，只要遇到陌生人，他一定要把對方的姓名問清楚。不單單是幾個簡單的字母，還包括對方的職業、黨派、宗教、家庭狀況等其他一切的相關資料，並且把這些資訊牢牢記在腦袋裡，甚至回家後還像學生做功課一樣，反覆複習。

正是憑著這份本領，即使在多年後再遇到這個人，吉姆也能正確地喊出對方的名字，熱情地上前寒暄，並且還能舉出對方有什麼嗜好或是最滿意的事蹟。靠著這種特長，吉姆的朋友遍布天下。

法國皇帝拿破崙三世（Napoleon III），雖然貴為一國之君，

◆ Chapter 6　讓人不知不覺喜歡與你聊天的技巧

每天要接見很多賓客、處理很多事務,但他非常注重記住別人的姓名這件事情。他曾自豪地說過一句話:「只要我見過這個人,只要我曾知道他的名字,我就能永遠認得這個人,永遠記住他的名字。」

受歡迎的老師,往往在第一次上課就能叫出學生的姓名;受歡迎的上司,能喊出每一個員工的姓名,人們更願意和他們相處。

記住對方的名字隨時隨地都可以進行,不要把「沒有時間」作為藉口,你比吉姆更忙嗎?比拿破崙三世更忙嗎?在和陌生人交談時,把他的名字和他的衣著、外貌、舉止、談吐結合起來,就會更加容易記住對方的名字。

無心插柳的談話增進感情

有些話說出去可能形式上讓人覺得不是那麼精煉,但實質上卻有其作用。

主持人在主持節目的過程中,現場的話題、現場的語境、現場發生的一切都可能成為影響主持人話語表達的因素。主持人這時的話語是密切地依附語境,有可能句式出現跳躍,有可能說出的句子會做改口、補充甚至中途停頓,這些「意外」的、「不經意」的話語訊息看似冗餘,卻可以營造一種氣氛,可以是表達中的一種過渡、一種強調、一種稀釋費解資訊的手段,甚至是一種屬於言語美學的幽默或情調的渲染,並最終突顯著表達內容的開闊和表達方式的變通。

◆ Chapter 6　讓人不知不覺喜歡與你聊天的技巧

與對方站在同一陣線

　　美國有位陸軍上校，自幼就一直夢想能進西點軍校深造，因為那裡是將軍的搖籃，是每位士兵夢寐以求的求學環境。套用拿破崙的一句話就是——不進西點軍校的軍人，不會是好軍人。

　　這名陸軍上校高中畢業那年，正巧遇上全球爆發經濟危機，而學校的規定又剛好是免費入學，因此更多人想進校學習。但是要擠進這所學校不容易，非得有權威人士的推薦不可。

　　然而，這些條件他都不具備。

　　不過，為了圓自己的夢想，他親自拜訪了幾位權威人士，並對他們說：「假如您是一位從小就夢想進入西點軍校的人，您會怎麼做？」

　　這句話相當具有說服力，讓這些權威人士積極地向西點軍校推薦他，他終於如願以償，並且成就了一番事業。

　　事實上，如果他直接地對每個人說：「請幫我寫封推薦函。」那麼也許他第一次找人幫忙時就會吃閉門羹。

切記，要說服他人，就要先找出對方關心或在意的事情，並且讓對方和你產生共鳴，這是佯守實攻的第一步。

然後再觀察對方熱心的程度，探知對方的想法，最後讓他了解並支持你的行動，這是第二步。只要走到這兩步，一切問題便可迎刃而解。

許多催眠師經常運用這種策略來說服對方，直到最後完全控制對方的思想。通常，催眠師會對被催眠者說：「現在你已經心無雜念了。」

「現在你腦中空空洞洞，沒有什麼事來干擾你。」

「你感到眼皮很重。」

「你已經快要進入睡眠狀態了。」

「閉上眼睛，這樣就睡著了。閉上眼睛。」

被催眠者被催眠師一步步地引導著，不知不覺中便服從他的指令，然後昏昏沉沉地睡著了。

人的大腦運作和處理語言的過程都有一種慣性，利用這種慣性，在一系列只能用「是」來回答的問題中，隱藏一個你想要他回答的問題，這樣就能得到你所要的回應。

如果你想邀請你的女朋友星期天陪你去探望父母，然而她基於某些理由不跟你去，這時你可以運用這種「催眠說話術」來和她鬥智。

◆ Chapter 6　讓人不知不覺喜歡與你聊天的技巧

這時，你可以先說：「下禮拜我去妳家，好嗎？」

「好啊！」

「有部電影聽說很好看，不如我們一起去看吧？」

「好啊！」

「我們將來一定要孝順父母。」

「好啊！」

「明天我們一起去看我父母吧！」

「好啊！」

通常，對方順口回答之後，才會發覺中了你的圈套。

你略施小計俘虜了她，事後最好再多說一些好話，讓她滿心甜蜜地跟你去見你父母。我想，任何一位女性，這時都無法再堅持她的意見。

人世間最難的，就是逼人家去做他不想做的事，因此，在人際關係上，如果希望對方做什麼，不如讓這件事和他本身產生利害關係。

Chapter 7
讓人難以拒絕的聊天方法

不能打無準備之仗,有備而來,才能套得近乎,而且套得結實、套得牢靠。

◆ Chapter 7　讓人難以拒絕的聊天方法

用較強語氣以展現力量

　　中文語氣詞所表達的語氣是一個複雜系統，每個語氣詞可涵蓋一定語域的情態，多個語氣詞相互配合，就可以把各種錯綜複雜、豐富多彩的語氣表達出來。

　　運用排比，可以全方位地表達各種感情，喜悅、痛苦、親切、莊重都可產生在其中。在賽事論辯中，排比使用更為廣泛，使用效果展示也更為突出。

　　一位猶太商人帶著五幅名畫到美國去販售。有位美國畫商看中了這五幅名畫，便打定主意，不管怎樣也要把這五幅名畫弄到手。

　　猶太商人開價 500 美元，少一塊錢也不賣給他。這個美國商人也不是商場上的平庸之輩，他一美元也不想多給那個猶太商人，便和猶太商人討價還價了起來，一時雙方陷入了僵局。

　　忽然，猶太商人怒氣沖沖地拿起其中的一幅畫往外走，二話不說就把那幅畫給燒掉了。美國畫商眼睜睜地看著一幅畫被燒掉，非常心痛。他小心翼翼地問猶太商人：「剩下的這四幅

畫賣多少錢？」

想不到這次猶太商人要價的口氣更是強硬，宣告還是 500 美元，少一分都不賣。少了一幅畫，還要 500 美元，美國畫商覺得這樣太虧了，便再次要求降低價錢。但是猶太商人並不理會他，又怒氣沖沖地燒掉了一幅畫。

這一回，美國畫商大驚失色，只好乞求猶太商人不要把最後三幅畫燒掉，因為他實在是太愛那些畫了。接著，他又問這最後三幅畫要多少錢，想不到，這次猶太商人張口就要 800 美元，少一分也不賣。

這一回美國畫商真的急了，只好強忍著怒氣問猶太商人：「三幅畫的價錢怎麼能比五幅畫的價錢還要高呢？你這不是存心耍人嗎？」

猶太商人回答說：「你有沒有聽說過這個故事，有個藏郵家有兩枚稀世郵票，應當值 25 萬美元，後來他當眾毀掉一枚，馬上就有人出價 100 萬美元買剩下的那一枚。」

看那美國畫商不說話，又接著說：「我這五幅畫均是出自名家之手，本來有五幅的時候，相對來說，價格還可以低一點。如今，只剩下三幅了，這回可以說是絕世之寶，它的價值已大大超過了五幅畫都在的時候了。因此，現在我告訴你，如果你真要想買這三幅畫，最低也得出價 800 美元。」

◆ Chapter 7　讓人難以拒絕的聊天方法

　　美國畫商一臉苦相,但卻沒有辦法,最後只好以此價格成交。

　　這個故事中的猶太商人雖說有點「奇貨可居」,但是他正是巧妙地利用語氣較強的詞語,還將原有的五幅畫燒得只剩下三幅,來說服美國畫商以差不多兩倍的價錢買下三幅畫。可以看出,運用語氣較強的詞語,可以表現出說話人的力量,讓人不得不屈服。

轉移話題以化解衝突

說服他人是一件比發射太空梭還麻煩的偉大工程。在說服過程中，不但要抓對要點、用對策略，還要小心對方的情緒，畢竟人是情緒的動物，情緒也就代表非理性，面對非理性的回應，你必須懂得用心理學技巧來應對，而不能一直用理性的策略。

如果你發現對方的情緒有點不穩時，或者答非所問，或故意雞同鴨講，你可以暫時拋開主題，姑且提出另一個不同的話題，先緩和狀況，別讓對方的情緒野火愈燒愈旺，等火勢稍減，再找機會切入正題。這時，在語義學和心理學的理論上，你可以多用一些中性的、比較不刺激的轉介詞，來降低對方的敵意和情緒化反應，例如「話雖如此」、「果真如此」、「確實如此」等語詞。

舉個例子，在某檔節目中，面對美國著名拳賽推廣人唐‧金（Don King）不著邊際的長篇大論，主持人適時打斷，說：「我剛才仔細聽了聽，好像是我在問我的問題，唐‧金先生順

◈ Chapter 7　讓人難以拒絕的聊天方法

著思路在說自己的事。其實,我的問題特別簡單,就是拳擊的推廣人和拳手之間是什麼樣的關係?」

這種巧妙打斷,既重申了問題,**讓嘉賓的思路回到問題上來**,又不顯得生硬、突兀。

在細心傾聽的過程中,主持人當然早就發現唐·金「跑了題」,但是他更感受到了唐·金的談興,而且他有些「跑了題」的談話,雖然「節外生枝」,但也很有趣,大家願意聽。所以,他沒有「及時」打斷,而是耐心地聽唐·金的暢談,待有了停頓感,才巧妙地又把既定的話題牽了回來。既給足了唐·金面子,也讓觀眾聽到滿意。

在我們的生活中,你也可以採用這樣的方式,來轉移話題,避免引爆對方的情緒炸彈。如果你在詢問下屬工作上的失誤時,你說:「這個案子怎麼會變成這樣子?系統裡面的資料都錯得離譜,這到底是怎麼回事?」

對方卻說:「哎呀!昨天一整天,主管拚命打電話來問東問西的,搞得我頭都昏了!業務部的人也說他們的加班時間太長……」

當你遇到這類雞同鴨講、答非所問的狀況時,最好不要先發脾氣,你應該知道對方正陷入情緒化的自責和不安中,這時你再怪他答非所問也是無濟於事,不如就改變原本的聊天內

容，暫時休戰，不要去逼對方，除了讓對方喘口氣休息，也讓自己冷靜想想後續的應對策略。

其實，情緒是談判和說服中的不定時炸彈，如果對方有任何舉動或表情或言辭已出現異狀，就要先停下來，不要再步步逼近，先處理他們的情緒，你才會有勝算。

有一位名叫克納弗的推銷人員向美國一家興旺發達的連鎖公司推銷煤，但這家公司的經理彷彿天生討厭克納弗，一見面就毫不客氣地喝斥道：「走開，別打擾我，我永遠不會買你的煤！」

連開口的機會都不給，這位經理實在做得太過分了，克納弗先生滿面羞愧。但是，他不能錯過這個機會，於是他就趕緊接著說：「經理先生，請別生氣，我不是來推銷煤的，我是來向您請教一個問題。」

他誠懇地說：「我參加了一個培訓班的辯論比賽，經理先生，我想不出有誰比您更了解連鎖公司對國家、對人民所作出的重大貢獻。因此我特地前來向您請教，請您幫我一個忙，說說這方面的事情，幫助我贏得這場辯論。」

克納弗的話一下子引起這位連鎖公司經理的注意，他對展開這樣一場辯論，既感到驚訝，又極感興趣。對經理來說，這是在公眾面前樹立連鎖公司形象的絕佳機會，事關重大，他

◈ Chapter 7　讓人難以拒絕的聊天方法

必須為克納弗先生提供有力的證據。他看到克納弗先生如此熱情、誠懇，並將自己作為公司的代言人，非常感動。他連忙請克納弗先生坐下來，一口氣談了 1 小時 47 分鐘。

這位經理堅信連鎖公司「是一種真正為人類服務的商業機構，是一種進步的社會組織」，他為自己能夠為成千上萬的民眾提供服務而感到驕傲。當他敘述這些時，竟興奮得「面頰緋紅，雙眼閃著亮光」。

當克納弗先生大有收穫，連聲道謝，起身告辭的時候，經理起身送他。他和克納弗並肩走著，並伸過臂膀扶搭著克納弗的肩膀，彷彿是一對親密無間的老朋友。他將克納弗送到大門口，預祝克納弗在辯論中取得勝利，歡迎克納弗下次再來，並希望把辯論的結果告訴他。

這位經理最後的一句話是：「克納弗先生，請在春末的時候再來找我，那時候我們需要買煤，我想下一張訂單買你的煤。」

克納弗先生做了些什麼？他根本沒提推銷煤的事，他只不過是向經理請教了一個問題，為什麼會得到這麼美滿的結果呢？克納弗先生抓住了客戶最感興趣的話題，這就是他畢生為之奮鬥、彌足珍貴的事業。克納弗先生對此感興趣，參與其事，就成了那位經理志同道合的朋友。

當一個人被另一個人當成朋友看待時，理所當然地會受到

關照。朋友，請你牢牢記住：有時候，商業上的成功之道不是刻意推銷，而是打動人心。要打動人心就要關心對方，找到對方最感興趣、利益所在的話題。

◆ Chapter 7　讓人難以拒絕的聊天方法

投其所好以贏得信任

心理學家的研究顯示，要改變別人的想法，勸說者必須與聽眾站在一邊，兩者的關係越融洽，勸說的話便越容易入耳，這是因為人類有一個共同的天性，即喜歡聽「自己人」說的話。心理學家哈里・斯塔克・蘇利文（Harry Stack Sullivan）也說過：「一個釀酒專家也許能告訴你許多理由為什麼某一種牌子的啤酒比另一種牌子的啤酒要好。但如果是你的朋友，不管他對啤酒是否在行，他教你選購某種啤酒，你很可能聽取他的意見。」

另一位心理學家莫恩在加利福尼亞州的一個海灘上建立了一個傳播訓練公司，他發現，最佳的業務員都能模仿顧客的聲調、音量和言辭，表現顧客的姿態和情調，甚至還能下意識地在呼吸動作上與顧客相協調，好像是一架絕妙的回饋機器，把顧客發出的每一個訊號反射回去。

毋庸諱言，這種由於在具體行動上，甚至是些很微不足道的方面所表現出來的，在感情上與你的聽眾的親近感與認同感，往往會使你得到巨大的感情回報和共鳴。而一旦建立了這

種感情共鳴,還需要什麼苦口婆心地勸誡與說服呢?

說話時,常用「我」開頭或代表自己觀點的人,敵人只會愈來愈多;而常用「我們」的人,敵人也會變成朋友。

從心理學角度來說,「我們」、「大家」這類具有共同意識的字眼,容易讓對方產生錯覺,搞不清你的立場為何,總以為你和他是一方的,這時候對方要攻擊你時,就會投鼠忌器或無法全力以赴,而這正是你想要的結果。

在這種情形之下,對方的反擊最沒有殺傷力,而且他的心防也很容易被你一攻而破,接著你再用「攻心」策略,趁他撤掉心防時,直搗黃龍,相信會有所收穫。經常使用「大家」、「我們」等這類字眼,會使人感覺到大家均是同路人,是生命共同體,於是對方原本頑固的心理防衛會不攻自破,並在不知不覺中認同你的觀點。自我意識愈強的人,越容易被對方這種「我們」說話策略所催眠。

外交史上有一則透過投其所好而順利達成談判目的的逸事。

一位日本議員去見埃及總統賈邁·阿布杜－納瑟(Gamal Abdel Nasser),由於兩人的性格、經歷、生活情趣、政治抱負相距甚遠,總統對這位日本議員不大感興趣。日本議員為了不辱使命建立好與埃及當局的關係,會見前進行了多方面的分析,最後決定以套近乎的方式打動納瑟,達到會談的目的。

◆ Chapter 7　讓人難以拒絕的聊天方法

　　議員是這樣開始的:「閣下,尼羅河與納瑟,在我們日本是婦孺皆知的。我與其稱閣下為總統,不如稱您為上校吧,因為我也曾是軍人,也和您一樣,跟英國人打過仗。」

　　納瑟不置可否地「唔」了一聲。

　　議員接著說:「英國人罵您是『尼羅河的希特勒』,他們也罵我是『馬來西亞之虎』。我讀過閣下的《革命哲學》,曾把它和阿道夫・希特勒《我的奮鬥》作比較,發現希特勒是實力至上的,而閣下則充滿幽默感。」

　　納瑟十分興奮地說:「呵,我所寫的那本書,是革命之後,三個月匆匆寫成的。你說得對,我除了實力之外,還注重人情味。」

　　「對呀!我們軍人也需要人情。我在馬來西亞作戰時,一把短刀從不離身,目的不在殺人,而是保衛自己。阿拉伯人現在為獨立而戰,也正是為了防衛,跟我那時的短刀一樣。」

　　納瑟大喜:「閣下說得真好,以後歡迎你每年來一次。」

　　此時,日本議員順勢轉入正題,開始談兩國的關係與貿易,並愉快地合影留念。日本議員的套近乎策略終於產生了奇效。

　　在這段會談的一開始,日本議員就把總統稱作上校,降了對方不少級別;受過英國人的罵,照理來說也不是什麼光彩事,但對於軍人出身、崇尚武力,並獲得自由獨立戰爭勝利的

投其所好以贏得信任

納瑟來講，聽來卻頗有榮耀感；沒有希特勒的實力與手腕，沒有幽默感與人情味，自己又何以能從上校到總統呢？接下來，日本議員又以讀過他的《革命哲學》(*The Philosophy of the Revolution*)，稱讚他的實力與人情味，並進一步稱讚了阿拉伯戰爭的正義性。這不但準確地刺激了納瑟的「共鳴點」，而且百分之百地迎合了他的口味，使日本議員的話收穫了預想的效果。日本議員先後在五處運用尋找共同點的辦法使納瑟從「不感興趣」到「十分興奮」而至「大喜」，可見日本議員的功夫不淺。

這位日本議員的成功，給我們一個重要啟示，就是不能打無準備之仗，有備而來，才能套得近乎，並且套得結實、套得牢靠。

◈ Chapter 7　讓人難以拒絕的聊天方法

放慢步調以應對急切情緒

　　大家都知道，打電話撥 110 或 119 時，可能是發生重大事件，如凶殺案或火災。那些通話的警員和消防隊員通常都鎮靜得像什麼事也沒有發生一樣，仍然用平常的口吻和打電話的人交談，這是由於他們受過專業訓練，抗壓力比普通人強一些。

　　當我們慌慌張張地撥電話時，多數人會因為緊張或害怕而變得結結巴巴，說話沒有什麼條理。但是若對方以從容不迫的口氣詢問時，通報者自然會慢慢平靜下來。雖然一些打電話報案或通知火警地點的人，都不太滿意對方那種事不關己的口吻，但殊不知這是對方採取的一種語言策略。

　　因為他們的冷靜必定會影響到通報者的情緒，使對方能夠順利表達。如果不這樣，又會有什麼後果呢？

　　假設那位消防隊員也和你一樣急忙喊道：「什麼！失火了！在哪裡？那糟了，還在燃燒嗎？好的好的，我馬上報告！電話號碼！喔！不不，把地點告訴我！」

　　這樣的口氣，通報者往往會急得連地點都說不清楚，自然

會耽誤很多時間，造成更大的損失。

日常生活中，也經常發生這樣的事情，若對方激烈地提出抗議時，最重要的是設法先使對方緊張的情緒緩和下來。由於對方已經喪失理智，即使你所說的道理再正確，對方也聽不進去。這時，就要設定一個「甕」，請對方進去。

相聲演員上臺表演時，態度都從容不迫。他們會先慢條斯理地走上臺，然後向四周看一看，最後才從容不迫地開口。這段被他們「浪費」的時間相當長，但由於大家迫不及待地想看他們表演，自然就原諒了他們。如此一來，觀眾對他們所說的每一句話都會專注聆聽。

因此，碰上情緒激動的人，先不要反對他的意見，順勢為他們點支香菸，或倒杯茶，做出從容不迫的樣子。

這樣，即使對方是滿懷怒氣而來，也會暫時放下心頭之火。常言道「伸手不打笑臉人」，一來你的態度使他不好意思發脾氣；二來你的步調又與他不相配合，使他感到十分洩氣。於是他的情緒也就會逐漸冷靜下來。這好比有人上門與你打架，如果你立刻跳出來，雙方肯定會大打出手。相反，如果你替對方搬張椅子，或遞上一支菸，對方也就不再堅持敵對狀態。而且你是善盡主人之道，言語上又沒有低聲求饒，自然不算丟了顏面。無論從哪方面來看，都有必要採取這種技巧。

Chapter 7　讓人難以拒絕的聊天方法

很多公司內專門處理善後事宜的部門,多半由一些口才不錯且善於把握人心的高手所組成。當有人怒氣沖沖地找上門時,他們的動作總是慢吞吞的,連答話也是慢條斯理的,這樣一來,激動的對方實際上已經被他們控制了情緒。

當那些人的情緒不再激動時,語言才能顯出它的威力。如果你對一位想「剝了你的皮、抽了你的筋」的人大談特談,用盡所有機智,可能都無法達到預期效果。因為對方根本沉浸在自己的憤怒之中,哪裡有時間來品味你的語言藝術呢?結果是對牛彈琴,白白浪費唇舌。

如果能先使對方情緒平靜下來,你的說服就已經成功了一半。事實證明,平息對方的怒氣靠的是一個「慢」字,在這個基礎上發揮你的語言優勢,藉助對方的某個觀點,使對方陷入兩難的境地,你就成功在望了。

如何說服吹毛求疵的人

談判者在知道如何運用「吹毛求疵」的同時,還應該準備好在談判中應付對手的「吹毛求疵」。一般來說,可以在談判之前做好心理準備:對方喜歡挑剔,這是他的權利;耐心加心平氣和的笑容,是對付挑剔者最好的武器;跟挑剔者針鋒相對,即把對方無中生有找出來的問題,毫不留情地打回去。

美國談判學家羅伯斯有一次去買冰箱。營業員指著羅伯斯要的那種冰箱說:「259.5美元一臺。」

接著,羅伯斯問道:「這種型號的冰箱一共有多少種顏色?」

「共有32種顏色。」

羅伯斯說:「能看看樣品本嗎?」

營業員說:「當然可以!」說著,立即拿來了樣品本。

羅伯斯邊看邊問:「你們店裡的現貨中有多少種顏色?」

「現貨有22種。請問您要哪一種?」

機會來了,羅伯斯指著樣品本上有但店裡沒有的顏色說:「這個顏色跟我廚房的牆壁顏色很相配!」

◆ Chapter 7 　讓人難以拒絕的聊天方法

營業員只得說：「很抱歉，這種顏色現在沒有。」

羅伯斯裝作很無奈的樣子說：「其他顏色與我廚房的顏色都不協調。顏色不好，價錢還這麼高，如果不便宜一點，我就要去其他的商店了，我想別的商店會有我要的顏色。」

營業員說：「好吧，便宜一點就是了。」

羅伯斯接著又說：「可這臺冰箱外觀有些小瑕疵！你看這裡。」

「我看不出有什麼瑕疵。」

「什麼？這一點瑕疵儘管小，可是冰箱外表有瑕疵通常不都會有些折扣嗎？」

羅伯斯又打開冰箱門，看了一會兒，說道：「這冰箱有內建製冰器嗎？」

營業員認為羅伯斯對這製冰器感興趣，馬上說：「有！這個製冰器每天24小時為您製冰塊，一小時才3美分電費。」

誰知，羅伯斯竟然說：「這可太糟糕了！我的孩子患有輕微哮喘，醫生說他絕對不可以吃冰塊。你能幫我把它拆下來嗎？」

可憐的營業員只得說：「製冰器沒辦法拆下來，它和整個製冷系統連在一起。」

「可是這個製冰器對我根本沒用！現在我要花錢把它買下來，將來還要為它付電費，這太不合理了！⋯⋯當然，假如價

如何說服吹毛求疵的人

格可以再降低一點的話……」

結果，羅伯斯用不到 200 美元買下了他十分中意的冰箱。

在這個案例中，高明的營業員完全可以這樣回應羅伯斯對冰箱顏色的挑剔：「你要的那種顏色是暢銷貨，價格要貴得多！」至於針對羅伯斯說冰箱有小瑕疵的挑剔，就可以說：「正因為有所謂的小瑕疵，現在才賣這個價，否則原價要高得多。」羅伯斯要拆掉製冰器的要求更是在故意找麻煩，可以這麼回應他：「你也知道，製冰器和整個製冷系統連在一起是無法拆下來的。而且你要的這種冰箱都有製冰器，看來你只能到冰箱工廠去訂做一個了。」一旦羅伯斯連碰幾個這樣的軟釘子，他還能挑剔什麼呢？

很多老練的業務員一致認為，那些對什麼事都吹毛求疵、追根究柢的人，其實是最容易被說服的；相反的，那些吊兒郎當、大而化之，什麼都不挑的人，反而相當棘手。

總之，對於吹毛求疵的人，只有一個策略可以搞定他們，那就是你要把自己當成心理醫生，耐心地聽他們倒完心裡的垃圾，你就可以把你想要說的填進他們空虛的心裡面，就大功告成了。

◆ Chapter 7　讓人難以拒絕的聊天方法

用緊湊的問題攻勢占據上風

　　奧里亞娜・法拉奇（Oriana Fallaci）是義大利著名的女記者，也是當代最偉大的女性之一。她曾經採訪過無數的政府機要，深入無數戰火紛飛的戰場進行實地採訪。法拉奇稱得上是真正的說話高手，在西方「法拉奇式的採訪」受到許多人的崇拜。她最自豪的也是自己的高超說話術，這些成就使她榮冠「政治記者之母」的美名。

　　那麼，我們要問她成功的祕訣在哪裡呢？

　　就在於她善於運用機關槍一樣的「問題攻勢」來應付各種被採訪者的詭辯，從而穩占上風。法拉奇曾經說過：「我的祕訣是開門見山地開啟氣勢，然後給予對方最致命的一擊。」

　　伊朗的宗教領袖魯霍拉・穆薩維・何梅尼（Ruhollah Khomeini），誰也不敢輕易得罪這位老者。法拉奇第一次採訪何梅尼時，見面的第一句話便是：「我要告訴你，先生，你是伊朗的新沙皇。」

　　在採訪這位脾氣古怪的老頭之前，為了尊重對方的宗教習

俗,她不得不違心地穿上伊朗婦女的傳統裝束,身披長紗,把全身包裹得像一個密實的大粽子。

但法拉奇卻一直認為,存在於服飾後面的,不單是保持一種古老習俗的問題,而是關係到女性的政治地位問題,她內心對這種以宗教之名而行強迫之實的做法非常不滿,但為了順利採訪到這位宗教領袖,她還是穿上了這種服裝。

何梅尼被這位潑辣的女記者的第一句話給擊中了要害,內心惱怒不已,但法拉奇裝出滿不在乎的樣子繼續說:「先生,我被人強迫穿上這身衣服來見你,你明白強迫的含義嗎?請你告訴我,你為什麼強迫那些婦女遮掩自己,把豐滿的軀體隱藏在既不舒服也不漂亮的服裝裡,讓婦女們無論工作或是行走都極不方便?在你的國家,婦女們和男子是平等的,她們和男子一樣參加戰爭、受訓、坐牢、工作、革命,但為何待遇卻是如此不平等?」

何梅尼是高高在上的人物,何曾讓人當面責備過。而法拉奇的談話策略又相當高明,一見面就迅速出擊,可以從服飾深入到人權和尊嚴等話題。何梅尼被她的語言攻擊逼急了,以致說話毫無章法可循,他平時傲視一切的作風不見了,取而代之的是語氣有些偏激的怒氣:「法拉奇小姐,妳必須記住這樣的事實:對革命有貢獻的婦人,無論過去還是現在,都是那些穿著伊斯蘭服裝的女人,而不是像你這般裝束的怪女人,塗脂抹

◆ Chapter 7　讓人難以拒絕的聊天方法

粉毫不遮掩地到處招搖，像隻蝴蝶般，引來一大群心懷不軌的男人尾隨在後。妳要知道，在大街當眾展現自己臉蛋和身材的女人是不會和國家並肩作戰的，她們只知道安逸享樂，從來不懂得為國家分憂。她們不知自愛，用自己的身體把男人迷得神魂顛倒、心猿意馬，甚至於姐妹之間還為男人爭風吃醋、破壞情誼。」

法拉奇立刻抓住對方談話中的「弱點」所在，對方不從正面與她討論人權的問題，而將她的注意力引向別的論點上，因此她毫不示弱地反駁說：「這不是事實。我並非單指衣服，而是指它所代表的意義，也就是婦女們被歧視的現狀。革命以後的婦女們，只能再回到那頂『破帳篷』裡過生活，她們不能到大學裡深造，也不能到海灘上享受陽光，她們如果要游泳，也必須從另一處照不到陽光的地方下水，並且還要披上長紗，如果是你，披著一件長紗能否暢快地游泳呢？」

何梅尼忍不住氣惱地說：「這不關妳的事情，這是我們的風俗，如果妳不喜歡伊斯蘭教的服裝，妳沒有必要穿上它，因為伊斯蘭服裝是替賢淑的婦女準備的。」

法拉奇馬上站起來說：「謝謝你的提議，既然得到你的首肯，我現在就要脫下這身可笑的、中世紀的、呆板的粗布……」

法拉奇不愧是「政治記者之母」，當她單刀直入地攻進對方

的「心理弱點」時，何梅尼已經處於下風，只有千方百計地詭辯，不但只講衣服本身，不涉及政治問題，又毫無章法地說女性現代服裝是如何沒有道理，結果反被法拉奇一擊而倒，最後在訪談中嘗到敗北的滋味。

看來，機關槍一樣的問題攻勢在適當的時候，不僅能讓你占據上風，而且還能收到良好的採訪、主持效果，可謂是一個很好的必勝之法。

Chapter 7　讓人難以拒絕的聊天方法

弱者，以柔克剛的高明說服者

　　人心都是肉做的。在求人辦事的關鍵時刻，不失時機，可憐兮兮地滴下幾滴眼淚，可以迅速激起對方的同情心，首先使彼此在感情上靠近、產生共鳴，這就為問題的解決打下了基礎。在說服對方的時候，扮演弱者也能達到說服對方的目的。

　　汽車大廠亨利‧福特公司的貿易業務很忙，他的桌子上總是堆滿了各種催帳單，福特每次都是大概看一眼後，就把帳單扔在桌子上，對經理說：「你們看著辦吧，我也不知道該先付誰的好！」

　　但是有一次，他從一大堆的催帳單中抽出一張對財務經理說：「馬上付給他！」這是一張傳真來的帳單，除了列明貨物價格外，在大面積空白處還畫著一個頭像，頭像正在滴著眼淚。

　　「看看，人家都流淚了，」福特說，「以最快的方式付給他吧！」

　　誰都明白，這個催帳人並非真的在流淚，他之所以急著催

帳，可能另有苦衷或急需資金，他的幾滴眼淚迅速引起對方重視，以最快的速度拿回了大筆貨款。看來，這眼淚的威力實在不可小看啊！

在與人交談中，適當示弱的說話技巧會給對方一種慰藉、一種體貼，責備的是自己，安慰的卻是對方。善於與對方進行心理互換也是一種獲得快樂的手段，它不僅能使交易繼續，說不定對方還會為你帶來更多的客戶。示弱就是一種揚人之長、揭己所短的語言技巧，其目的是使交易重心不偏不倚，或使對方獲得一種心理上的滿足，從而達到目的。

其實，在這裡我們所說的示弱並不是真的在示弱，只不過以弱博得對方的同情，以達到你的說服目的。這種示弱也並不是非得博得對方的同情，而是以示弱或是各種說話技巧贏得對方的認可。在生活中，我們常常會聽老人們這樣說：「軟刀子更扎人！」說的就是示弱的說服技巧吧！

◈ Chapter 7　讓人難以拒絕的聊天方法

Chapter 8
必修的六個幽默聊天技巧

輕鬆幽默的話題,往往能引起感情上的愉悅;莊重嚴肅的話題會使人緊張慎重。

◆ Chapter 8 必修的六個幽默聊天技巧

借用他人的「詞」以達「笑」果

從前有個理髮師，他每個月都到宰相府幫宰相理髮。有一次，理髮師幫宰相修臉修到一半時，不慎把宰相的眉毛剃掉了。他驚恐不已，生怕宰相怪罪。

此時，理髮師急中生智，連忙停下剃刀，故意兩眼直愣愣地看著宰相的肚皮，並且擺出迷惑不解的樣子。宰相見他這樣，感到莫名其妙，便問：「為什麼你不修臉，卻光看我的肚皮？」

理髮師趕忙解釋道：「人們常說『宰相肚裡能撐船』，我看大人的肚皮不大，怎麼能撐船呢？」

宰相一聽，哈哈大笑：「那句話是說宰相的度量大，對於一些小事情都能容忍，從不計較。」

理髮師一聽，連忙跪在地上，聲淚俱下地說：「小的該死，方才修面時，不小心將相爺的眉毛刮掉了！還望相爺度量大，千萬恕罪。」

宰相聽後，氣急敗壞，眉毛被剃掉了，今後怎麼見人？正當宰相要發怒時，隨即又冷靜一想，他自己剛講過宰相度量最

大,怎能為這點小事而處罰理髮師呢?於是,宰相只好裝作豁達溫和地說:「無妨,去把筆拿來,幫我把眉毛畫上就是了。」

多聰明的理髮師啊!明明是自己不小心把宰相的眉毛剃掉了,卻拿著「宰相肚裡能撐船」這個俗語堵住了宰相的嘴巴,不但沒有獲罪,反而讓人不由得誇起他的聰明來。

有時候,你會遇到蠻不講理的人,他們會有意提出毫無道理的問題來刁難你,讓你哭笑不得。不論你答與不答,都已經陷入了尷尬的境地。這時候,要以幽默為武器予以還擊,將尷尬不知不覺地轉移給對方。

輕鬆幽默的話題,往往能引起感情上的愉悅;莊重嚴肅的話題會使人緊張慎重。只要有可能,最好能把莊重嚴肅的話題用輕鬆幽默的形式說出來,這樣對方可能更容易接受。

Chapter 8　必修的六個幽默聊天技巧

巧用諧音技巧，令人捧腹大笑

　　中文口語中，有一種特殊的語音現象：同音多義，即字音相同或相近，意義卻完全不同，如同音字、諧音字等。在聊天討論中時，借用諧音，把本來風馬牛不相及的事情連結起來，使沒有因果關係的事物結成理所當然的因果關聯，這可以表達出豐富的含義，給人以廣闊的聯想和想像的天地，往往能出奇制勝，妙趣橫生。

　　有一次，某節目要宣傳健身，男女兩名主持人正在訪談現場的特約嘉賓，請來的幾名嘉賓是一位舉重教練以及他的隊員。在第一位隊員表演了抓舉和挺舉之後，教練進行了點評，這時男主持人不失時機地結合動作要領，對選手進行了鼓勵。

　　此時，女主持人將了男主持人一軍，並以知情人的身分開起玩笑來：「大家知道為什麼他說得這麼專業嗎？他曾經練過舉重，今天讓他為大家表演一個，要不要？」女主持人邊說邊示意大家鼓掌歡迎。現場氣氛一下子活躍、沸騰了起來。

　　男主持人立即做出反應，予以回絕。現場的觀眾鼓掌煽情，大聲齊呼「加油！加油！」男主持人邊笑邊不斷解釋：「那

都是上高中時的事了,再說身穿西服,表演也不方便。」

然後,他指著女主持人說道:「和妳做搭檔,真是三生不幸啊!」

女主持人快言快語:「不是『不幸』,是真的『不行』吧?」

現場又是一陣鬨笑。

這時,男主持人向觀眾擺手示意安靜下來,故作較真的樣子說道:「妳要知道,一切皆有可能。我真舉起來,妳怎麼辦?」

女主持人巧舌如簧,避實就虛道:「我看你是『以前』皆有可能吧!」

現場再次為女主持人的妙語報以熱烈的掌聲。

只要我們留心觀察,發生在身邊運用「諧音」的例子可以說俯拾皆是。

中文語言中,同聲字、同義詞十分普遍,例如:行走的「行」和銀行的「行」、體重的「重」和重重疊疊的「重」等,用在不同的地方,意義就有所不同。而這些詞的歧義都能在談話中被運用,而成為言談中的小妙招。

聊天討論中,運用諧音構成雙關、誤解等方式,可達到嘲諷、影射對手的目的,從而收到「罵者痛快淋漓,聽者有苦難言」的奇效。

Chapter 8　必修的六個幽默聊天技巧

正話反說，妙趣十足

　　幽默的語言往往給予人以詼諧的情趣，使人在笑意中有所領悟。而反彈琵琶，正話反說往往是緩解緊張、袪除畏懼、平息憤怒的最好方法。

　　機智的人不僅善於以局外人的身分化解他人的爭吵，而且更善於打破在與人交流時因發生矛盾而出現的僵局。

　　1943 年，英國首相邱吉爾與法國夏爾·戴高樂（Charles de Gaulle）將軍由於對某一問題的意見分歧，兩人心存芥蒂。主要原因是戴高樂宣布逮捕西梅翁·德尼·卜瓦松（Siméon Denis Poisson）總督；而此人正是邱吉爾頗為看重的人物。要解決這一件令雙方都頗為棘手的事，只有依靠卓有實效的會晤了。

　　邱吉爾的法語講得不是很好，但是，戴高樂的英語卻講得很漂亮。這一點，是當時戴高樂的隨員以及邱吉爾的大使達夫·庫珀（Duff Cooper）早就知道的。

　　這一天，邱吉爾是這樣開場的，他先用法語說道：「女士們先去逛市場，戴高樂和其他的先生跟我去花園聊天。」

然後他用足以讓人聽清的聲音對達夫‧庫珀說了幾句英語:「我的法語不錯吧,是不是?既然戴高樂將軍英語說得那麼好,他完全可以理解我的法語的。」語音未落,戴高樂及眾人哄堂大笑。

邱吉爾的這番幽默消除了緊張,建立了良好的會談氣氛,使談判在和諧信任中進行。

在談判中採用幽默姿態,可以緩和緊張形勢,製造友好和諧的氣氛,從而縮短雙方的距離、淡化對立情緒。

Chapter 8　必修的六個幽默聊天技巧

望文生義，出奇制勝

在銷售過程中，適當地講一些小笑話，能迅速降低客戶對銷售人員的敵意，促使銷售的成功。

讓我們看一下下面這位優秀的業務員是如何使用幽默的。

「您好！我是大西洋保險公司的湯米・楊。」

「噢──」對方端詳了湯米・楊的名片好一陣子，才慢條斯理地抬頭說：「兩三天前就曾來過一個大西洋保險公司的業務員。但是，還沒等他把話說完，我就把他趕走了。我是不會投保的，我看你還是快走吧，以免浪費彼此的時間。」

這個人真是既乾脆又夠意思，而且他考慮得還真夠周到的，還在想著替業務員節省時間。

「真謝謝您的關心，您聽完我的介紹之後，如果不滿意的話，我就當場切腹。無論如何，請您抽點時間給我吧！」

湯米・楊一臉正經，甚至還裝出有點生氣的樣子。對方聽了忍不住哈哈大笑說：「哈哈哈，你真的要切腹嗎？」

「沒錯啊，就像這樣一刀刺下去……」湯米・楊一邊回

答,一邊用手比劃。

「你等著瞧吧!我非要你切腹不可。」

「來啊!為了不去切腹,我非要用心介紹不可!」話說到此,湯米‧楊臉上的表情突然從「正經」變為「鬼臉」,於是,這名客戶不由自主地笑了起來。

這個案例的重點,就在於設法去逗客戶笑,只要你能夠創造出與客戶一起笑的場面,就突破了第一道難關,拉近了彼此之間的距離。

◆ Chapter 8　必修的六個幽默聊天技巧

一語雙關，趣味橫生

　　直接的表達未必能收到預期的效果，不妨換一種間接委婉的方式，於人於己，有利而無害，何樂而不為呢？

　　有一次，張作霖出席名流雅席。席間，有幾位日本人突然聲稱，久聞張大帥文武雙全，請入席賞幅字畫。張明知這是故意刁難，但在大庭廣眾之下，盛情難卻，就滿口應允，吩咐筆墨伺候。

　　只見他瀟灑地走到桌前，在鋪好的宣紙上大筆一揮寫了個「虎」字，然後得意地落款：「張作霖手黑。」鈐上朱印，擲筆而起。那幾位日本人，丈二金剛摸不著頭緒，面面相覷。機靈的隨侍祕書一眼發現了紕漏，「手墨」（親手書寫的文字）怎麼成了「手黑」，連忙貼近張作霖耳邊低語：「您寫的『墨』下面少了個『土』，『手墨』變成了『手黑』。」

　　張一瞧，不由得一愣，怎麼把「墨」寫成「黑」啦？如果當眾更正，豈不大煞風景？他眉梢一動，計上心來，故意訓斥祕書道：「我還不曉得這『墨』字下邊有個『土』！因為這是日本

人要的東西，這叫寸土不讓。」話音剛落，滿座喝采，那幾位日本人這才領悟其中含意，越想越沒趣，只好悻悻退場了。

這種「化腐朽為神奇」的效果不就仰仗著將錯就錯地巧妙運用嗎？那麼，怎樣將錯就錯，才能出奇制勝呢？大多數情況下，將錯就錯講求隨機應變，自無固定公式可言，但其心智運作的基本軌跡還是依稀可辨的。

認定確有必要，一旦發現了自己的失誤，千萬別為後悔徒然耗費時間，而要迅速權衡一下利害得失，只有在當場承認錯誤的負面效應實為自己難以承受，而拒絕認錯又不至於把事情弄得更糟時，才可考慮選用將錯就錯一策。否則，還是承認、改正為好，因為坦誠往往會換來諒解，甚至敬意。此例中的張作霖關於「如果當眾更正，豈不大煞風景」的暗忖，就是快速權衡之後所做的判斷。情況是明擺著的：被外國人故意刁難，等看笑話，如果承認錯誤，等於丟自己的臉面、滅自己的威風。於是，將錯就錯就成了順理成章的選擇。

◆ Chapter 8　必修的六個幽默聊天技巧

自嘲，最高明的幽默

某位知名主持人一直被人們歸為「另類」，用他自己的話形容，那就是：長髮、長臉、腿不直、油腔滑調。但就是這副形象，卻深得觀眾喜愛，他的節目收視率一直很高。如果說他的成功有很多原因的話，那他的自嘲就是不可或缺的一個因素，因為他的自嘲讓他擁有了一種別樣的魅力。

他的臉長而窄，而且嘴大、眼小，他也從不避諱自己臉的缺點，有一次，有一位記者笑著問：「你的臉到底多長，量過嗎？」

他聽了一臉壞笑道：「今天早上的汗現在剛流到下巴！」

記者又問他：「有沒有想過換一個髮型？」

他聽了再次打趣自己道：「想過呀，但頭髮又少又軟，如何蓋得過這長臉？」

這樣的特徵顯然是掩蓋不了的，與其躲躲閃閃、羞於面對，還不如大大方方地承認，更高明的就是來個自嘲。自嘲的態度也讓那些想以此做文章的人無機可乘。相反，遮遮掩掩反而讓那些別有用心的人覺得有隱私可挖。

自嘲，最高明的幽默

　　拿自己的缺點自嘲，一方面體現了強烈的自信和樂觀心態，另一方面削弱了缺點，反而增添了另一種光彩。再者，也等於是提前堵住了別人想以此開玩笑的嘴巴。

　　自嘲之所以有著別樣的魅力，是因為自嘲誰也不傷害，最為安全。你可用它來活躍談話氣氛，消除緊張；在尷尬中自找臺階，保住面子；在公共場合獲得人情味；在特別情形下含沙射影，刺一刺無理取鬧的小人。

　　有一次林肯乘馬車上街，在街口被路過的軍隊堵住了，林肯走下馬車問一位老鄉：「這是什麼？」意思是想問這是哪個部隊的。

　　老鄉以為他不認識軍隊，就訓斥道：「聯邦的軍隊呀，你真是大笨蛋。」

　　面對如此窘境，林肯轉身對身邊的人說：「有人在我面前說實話，真是一種福氣，我的確是個大笨蛋。」

　　自我調侃式的自嘲不但沒有使林肯在眾人面前丟失面子，相反，還向眾人展現出他雍容大度的胸懷。適時適度地自嘲，不失為一種良好修養、一種充滿魅力的交際技巧。自嘲，能製造輕鬆和諧的交談氣氛，能使自己活得輕鬆灑脫，使人感到你的可愛和人情味，有時還能更有效地維護面子，建立起新的心理平衡。

Chapter 8　必修的六個幽默聊天技巧

Chapter 9
讚美,是世界上最動聽的語言

讚美一定是真誠的,拍馬屁不叫讚美,因為那種奉承不是發自內心的。

Chapter 9　讚美，是世界上最動聽的語言

恰到好處的讚賞更真誠

喜歡聽好話受讚美是人的天性之一。每個人都會對來自社會或他人的得當讚美而感到充滿自尊心和榮譽感。而當我們聽到別人對自己的讚賞，並感到愉悅和鼓舞時，不免會對說話者產生親切感，從而使彼此之間的心理距離縮短。人與人之間的融洽關係就是從這裡開始的。美國哲學家約翰・杜威（John Dewey）說：「人類最重要的衝力是做一位重要人物，因為重要的人物常常能得到別人的讚美。」林肯作為美國歷史上最偉大的總統之一，卻知道讚美的重要性，他曾以這樣一句話作為一封信的開頭：「每個人都喜歡讚美的話，你我都不例外……」

法國的拿破崙，具有高超的統帥和領導藝術，他主張對士兵「不用皮鞭而用榮譽來進行管理」，認為一個在夥伴面前受了體罰的人是不會為你效命疆場的。為激發和培養官兵的榮譽感，拿破崙對每一位立了戰功的官兵，都加官晉爵、授旗贈章，還在全軍面前通報宣傳，透過這些讚揚和變相讚揚，來激勵官兵勇敢地去戰鬥。

美國「化妝品皇后」玫琳凱・艾施（Mary Kay Ash）的成

恰到好處的讚賞更真誠

功之道，是她善於用讚美來激勵自己的員工。玫琳凱公司裡的一位業務員，雖然很有能力，但由於經驗不足，因此兩次展銷會上都沒有賣出什麼東西。在第三次展銷會上，她終於賣出了35美元的東西。雖然在大多數人眼中，這金額少得可憐，但玫琳凱反而表揚她說：「妳賣出了35美元，比前兩次強多了，真是了不起！」

老闆誠懇的讚揚，令這位業務員心裡暖乎乎的。透過自己的努力，她終於成為一名著名的業務員，財富與名望都不斷地增加。

美國商界中，年薪最早超過100萬美元的管理者叫查爾斯‧斯柯爾特。他被安德魯‧卡內基選拔為新設立的美國鋼鐵公司的第一任總裁，而當時他只有38歲。由於當時沒有個人所得稅，人們收入水準普遍較低，因此這100萬美元價值相當高。

為什麼斯柯爾特能夠獲得如此高的年薪呢？他是天才嗎？當然不是，斯柯爾特親口說過，對於鋼鐵怎樣製造，他手下的許多人比他懂得還要多。斯柯爾特說，他能夠拿到這麼多的年薪，是因為他知道跟別人相處的本領。他說那只是一句話，但這句話應該在全世界任何一個有人住的地方，每個人都要背下來，因為它會改變我們的生活。他說：「我認為，我那些能夠使員工鼓舞起來的能力，是我擁有的最大的資產。而能夠讓一個人發揮出最大能力的方法就是鼓勵和讚美。」

Chapter 9　讚美，是世界上最動聽的語言

「我曾在世界各地見到過許多大人物，」斯柯爾特說，「但是，至今我發現任何人——無論他多麼偉大，地位多麼崇高——在被讚許的情況下，會比在被責備的情況下工作成績更佳、更賣力。」

因為，只要是人，就都希望獲得別人的讚美。沒有人喜歡遭到別人的指責和批評。

精準觀察，
讚賞對方最希望被提及的部分

當我們到朋友家裡做客時，看到客廳牆上有一幅山水畫，我們往往會情不自禁地讚許道：「這幅畫真不錯，替這客廳增添了幾分神韻，顯出了幾分雅致，誰買的？眼光真好！」也許，這句話只是我們不經意間隨便說出來的，但是，我們的朋友會感到很欣慰，感覺一定很不錯。

在一個停車場裡，圖書業務員比恩・崔西看見一位先生開著一輛桑塔納過來，停在了車位上。於是，他便走過去向那位先生推銷書。當那位先生拿著書翻來覆去，想買又不想買的時候，比恩・崔西滿臉堆笑地說：「先生，我會經常在這一帶賣書，您下次再開著賓士過來時，希望您還認得我。」

那位先生聽得非常開心，很高興地說：「一定會記得你，一定會記得的。」聽他的語氣，好像過不了幾天，他就能開上賓士了。

他又對比恩・崔西說：「我們到車上坐一會兒，我再看看

◆ Chapter 9　讚美，是世界上最動聽的語言

還可以買哪幾本。」

比恩・崔西知道，如果自己幫助他下決心的話，他一定會向自己買一批書。於是，他繼續讚美那位先生的夢想：「等您下次開著賓士來的時候，車子那麼豪華，恐怕我都不敢坐了。您這麼年輕，就有這麼高的成就，我真的很佩服您！」

他也笑了，婉言地讚美了比恩・崔西一番，最終向比恩・崔西下了訂單：「你手頭上的這 12 套書，每套幫我準備 50 本，我想買回去讓我公司裡的員工都看一看。這是訂金，這是我的名片，上面有我公司的地址。」

望著那位先生駛遠的桑塔納，比恩・崔西知道，今天的日記裡又多了一個成功的案例。因為今天的交易成功又驗證了一條人性定律：「每個人都愛做夢，每個人都有夢想，而每個人都一直期待著明天能夠使自己夢想成真。當我們用讚美來肯定對方的夢想能夠實現時，他心裡的甜蜜，會比世界上最甜蜜的食物要甜上一百倍。」

是呀，讓對方感覺自己很美好，就應該讚美對方想得到，但又還沒有得到的東西。夢想是給予一個人動力巨大的東西，只要有夢的地方，就必然會有雄心勃勃和豪情萬丈。即使沒有錢財、即使再勞累，只要有夢想，就可以讓我們有一種信念，讓自己奮鬥不息，持續努力下去。因此，讚美對方的夢想，特別

精準觀察，讚賞對方最希望被提及的部分

容易得到對方的認同，尤其是那些有野心、目標和欲望的人。

「你真懂得關心人！」

「你開車這麼謹慎又穩定，太好了！」

「你人真細心！」

「你真是太為自己孩子們著想了！」

「你喜歡儲蓄呀！真棒！」

「真沒想到你這麼努力！」

當看到這些文字時，請你試想一下，假如有人對你說這樣的話，你會有什麼樣的感覺？我們要讚美他人，就是為了讓對方獲得「自己很美好」的感覺。一個人的外表有美醜，能力有高低，這些都難以求全。但是一個人的心靈與其外貌、能力沒有必然關聯。明白這一點的人，會把讚美的目標轉移到對方的心靈上。

當我們的讚美正合對方心意時，會加倍成就他們自信的感覺。這的確是感化人的有效方法。換句話說，能搔到對方的癢處的讚美，作用最大。

怎麼發現別人的癢處呢？蔡康永告訴我們說：「走進一位老師的辦公室，或者走進一位貴婦的客廳，應該都可以發現不少線索的。桌上相框裡或者電腦的桌面，展示著什麼樣的照片，通常是最明確的線索。如果放著他和高官的合照，那你應

◆ Chapter 9　讚美,是世界上最動聽的語言

該可以讚美他的人脈之廣、什麼都搞得定;如果照片是他跟親愛的子女,那你自然應該問候他的寶貝子女們安好,並且盛讚他家的公子、千金們看起來好優秀、好聰明之類。東張西望就能看到的東西,當然就是對方願意讓別人看到的東西,可能也是他渴望被人提到或問起的東西。」

讚美時的注意事項

　　如果我們對一位清潔工人進行這樣的讚美:「你真是一位成功人士呀!你具備非凡的氣質,你是一位非常偉大的人!」對方一定會認為我們是神經病,因為這些話好像跟他沒有任何關係。其實,讚美別人也是有「規則」的。

　　即使非常善於讚美別人的高手,剛開始時,往往會犯各種的錯誤。真正的讚美大師,非常懂得在讚美時控制好火候,將強弱分寸都拿捏得很得當,張弛有度、收放自如。物以稀為貴,就像一道人間美味,如果你只給予對方一些品嘗,他會覺得味道美好又難忘。但是,給的多了,讓他吃撐了,他也會難忘,只不過是想吐的難忘。

　　讚美一定是真誠的,拍馬屁不叫讚美,因為那種奉承不是發自內心的。如果你經常說一些違心的稱讚,那麼,當你真的要認真時,人們便很難再相信你了。有很多事情值得你去真誠地讚揚,沒有必要說那些不真心的話。讚美事實而不是人,要是我們把讚美的焦點放在了別人所做的事情上,而不是他們本

◆ Chapter 9　讚美，是世界上最動聽的語言

　　身，他們就會更容易接受你的稱讚，而不會引起尷尬。例如，「瑪麗，妳的書寫得真好」要比「瑪麗，妳真棒」讓人容易接受；而「傑克，你昨天在大禮堂的演講非常精采」比「我實在找不出一位比你更好的演講家了」更讓傑克覺得自豪。

　　讚美要具體，當讚美的對象是針對某一件事情時，讚美會更有力量。稱讚得越廣泛越龐雜，它的力量就越弱。因此，讚揚別人時，要針對具體的某一件事情。例如，「比爾，你今天的穿戴非常得體，你的領帶跟你的黑色西裝很相配」要比「比爾，你今天穿得很好看」更能說到比爾的心裡去；而「瑪麗，妳每次和人們聊天時，都能讓他們覺得自己很重要」就比「瑪麗，妳很會與人相處」更有力量。

　　最有效的讚美不是「錦上添花」，而是「雪中送炭」。最需要讚美的不是那些早已揚名天下的人，而是那些自卑感很強的人，尤其是那些被壓抑、自信心不足或總受批評的人。他們一旦被人真誠的讚美，就有可能使尊嚴復甦，自尊心、自信心倍增，精神面貌從此煥然一新。

　　讚美別人要善於把握時機，因為賞不逾時。一旦發現別人有值得讚美的地方，馬上要發掘出表揚的理由當眾表揚他，不要拖拉，也不必要累積到一起再找時機表揚。事情就是這樣，當其他人看到某人的成績或優點時，嫉妒心可能萌發，為尋

讚美時的注意事項

求心理平衡,可能會攻擊或者找到攻擊別人的理由,所以讚美「留到以後再說」,難度可能更大。

掌握讚美的「快樂習慣」,每一次讚美別人時,不但對方快樂,同時也會使你獲得滿足。這裡有一個人性規律:假如你不能為任何人增加快樂,那麼,你就不能為自己增加快樂!因此,每天至少讚美三個人,那麼,你將感受到自己的快樂指數也在不斷上升。

把讚美當作是一個快樂遊戲吧!經常留意那些可以讚美的好事,它會增強你的正面心態。你會越來越驚喜地發現,自己周圍有許多以前從沒有注意到的快樂!

讚美別人是一個人際關係的技巧,讚美別人更是一個使你快樂的習慣!

◆ Chapter 9　讚美，是世界上最動聽的語言

讚美技巧大不同

　　讚美可分為直接讚美與間接讚美。

　　富蘭克林年輕時，在費城開了一家小小的印刷所。那時，他參加了賓夕法尼亞州議會的選舉。在選舉前夕，困難出現了。有個新議員發表了一篇很長的反對他的演說，在演說中，竟把富蘭克林貶得一文不值。遇到這麼一個出其不意的敵人，是多麼令人惱火呀！該怎麼辦呢？富蘭克林自己講述道：「對於這位新議員的反對，我當然很不高興，可是，他是一位有學問又很幸運的紳士。他的聲譽和才能在議會裡頗有影響力。但我絕不對他表現一種卑躬屈膝的阿諛奉承，以換取他的同情與好感。我只是在間隔數日之後，採用了一個別的適當的方法。我聽說他的藏書室有幾部很名貴、又很少見的書。我就寫了一封信給他，說明我想看看這些書，希望他答應借我數天。結果他答應了。」

　　富蘭克林正是用一種不露痕跡的讚美方式，讚美了這位新議員，潤物細無聲。

讚美技巧大不同

在一次高中同學聚會上,同學們在一起開心地聊起上學時候的事情,有一個同學就對一位知名主持人說:「高二時,有一天妳說,將來一定會做一個很好的節目,擁有一個很大的舞臺。」

主持人驚得瞪大了眼睛,用雙手摀住嘴巴,很不相信地問道:「真的?」

然後她在部落格中自嘲地說:「一個 15 歲的女孩子,說出那樣稚氣的、不知天高地厚的話,然後就大大咧咧地忘了。」末了,還不忘幽默地問自己一句:「難道,這就是所謂的夢想成真嗎?」

很顯然,她這位同學是在誇她,而她莫名其妙地就接受了,而且一定不會忘記這位同學了。這才是讚美的最高境界。

現代女性已經完全走出了家庭,不再是專業的家庭主婦,在各個領域都有許多出類拔萃的佳人。

◆ Chapter 9　讚美，是世界上最動聽的語言

在第三方前讚美的間接效果

　　背後說別人的好話，遠比當面恭維別人說好話，效果要好得多。不用擔心，我們在背後說他人的好話，是很容易就會傳到對方耳朵裡去的。

　　要讚美一個人時，當面說和背後說，效果是不一樣的。如果我們當面說人家的好話，對方會以為我們可能是在奉承他、討好他。當我們的好話是在背後說時，人家會認為我們是出於真誠的，是真心說他的好話，人家才會領情，並感激我們。

　　《紅樓夢》中有這麼一段描寫：史湘雲、薛寶釵勸賈寶玉做官走仕途，賈寶玉大為反感，對著史湘雲和薛寶釵讚美林黛玉說：「林姑娘從來沒有說過這些混帳話！要是她說這些混帳話，我早和她生分了。」

　　湊巧這時黛玉正來到窗外，無意中聽見賈寶玉說自己的好話，「不覺又驚又喜，又悲又嘆」。結果寶黛兩人互訴肺腑，感情大增。

　　在林黛玉看來，寶玉在湘雲、寶釵、自己三人中只讚美自

在第三方前讚美的間接效果

己,而且不知道自己會聽到,這種好話就不但是難得的,還是無意的。假如寶玉當著黛玉的面說這番話,好猜疑、使小性子的林黛玉可能就認為寶玉是在打趣她或想討好她。

在背後讚揚別人,能極大地表現說話者的「胸懷」和「誠實」,有事半功倍之效。比如,誇讚上司,說他處事公平、對你的幫助很大,還從來不搶功。那麼,往後上司在想「搶功」時,便可能會手下留情。

當別人了解到你對任何人都一樣真誠時,對你的信賴就會日益增加。

人往往喜歡聽好聽的話,即使明知對方講的是奉承話,心裡還是免不了會沾沾自喜,這是人性的弱點。一個人受到別人的讚美時,絕不會感到厭惡,除非對方說得太離譜了。作為一項學問,讚美的奧妙和魅力無窮,然而,最有效的讚美還是在第三者面前讚美他人。

試想一下,假如有人告訴你,某個人在背後說了許多關於你的好話,你能不高興嗎?這種讚美,如果是在你的面前說給你聽的,或許適得其反,讓你感到很虛假,或者疑心對方是否出於真心。為什麼間接聽來的便會覺得特別悅耳動聽呢?那是因為你堅信對方在真心地讚美你。

當你直接讚美對方時,對方極可能以為那是應酬話、恭維

Chapter 9　讚美，是世界上最動聽的語言

話，目的只在於安慰自己。要是透過第三者來傳達，效果便會截然不同。此時，當事者必定認為那是認真的讚美，沒有半點虛假，從而真誠接受，還對你感激不盡。

在現實中，我們往往看到這樣的現象：當父母希望孩子用功讀書時，採用整天當面教訓孩子的方法，還是很難獲得一些效果，但是，假如孩子從別人嘴裡知道父母對自己的期望和關心、父母在自己身上傾注了很多心血時，便會產生極大的動力。又如，當下屬的人，平時上司在自己面前說了勉勵的話，卻沒有多大感觸，但是，當有一天從第三者的口中聽到了上司對自己的讚賞後，深受感動，從此更加努力工作，以報答上司對自己的「知遇」之恩。

多在第三者面前去讚美一個人，是你與那個人關係融洽的最有效的方法。假如有一位陌生人對你說：「某某朋友經常對我說，你是位很了不起的人！」相信你感動的心情會油然而生。那麼，我們要想讓對方感到愉悅，就更應該採取這種在背後說人好話、讚揚別人的策略。因為這種讚美比起一個魁梧的男人當面對你說「先生，我是你的崇拜者」，更讓人舒坦，更容易讓人相信它的真實性。這種方法不僅能使對方愉悅，更具有表現出真實感的優點。

亂講關鍵字，馬屁拍在馬腿上

　　吳淡如在她的《超人氣說話術》裡，有這麼一段話：「得罪人，不需要說重話，只是在一兩個字的使用上，粗心一點就夠了。」還特別舉了一個愛說「也」字而得罪人的事例。很多人在附和別人，或者表示自己和對方相似時，往往人家說：「我喜歡……」，他馬上也接一句：「我也喜歡……」，不過，可要記好了，有時候「也」字亂講，馬屁也會拍到馬蹄上的。

　　張亮最近真是又興奮又緊張，興奮的是老闆已經內定張亮外放當總經理助理了，緊張的是外派的總經理正好下禮拜要返回公司述職。這真是太重要的時刻了，張亮心裡已經有了打算，他要在還沒上任之前，先給予未來老闆一個好印象。對這事，張亮很有把握，他自信自己是個拍馬屁的高手。而且，張亮還有一個漂亮的太太青青，非常善於交際。張亮還是叮囑了一下青青，一定要使出渾身解數，把總經理夫人伺候得滿意無比。

　　見面的時候，青青一方面按照外交禮節趨前幾步，行禮、握手、問安，一邊心想「其實這也挺簡單的嘛」。

◆ Chapter 9　讚美，是世界上最動聽的語言

　　第二天，是採買的日子，總經理有一兒一女，少不了買點東西帶給孩子。

　　「您何必去百貨公司呢？」青青在車上笑笑，「我可以帶您去一家專賣法國時裝的專賣店，而且不貴。」

　　不過她們還是去了百貨公司，因為夫人忘了帶面霜。

　　所幸百貨公司有夫人用的那個牌子，而且賣化妝品的小姐比國外的還體貼，一邊介紹產品，一邊請總經理夫人坐下，要為夫人化妝保養。

　　「哎呀！哎呀！老臉了，還擦這些做什麼？」夫人笑著坐下。

　　「愈是老臉，愈要保養啊！」青青笑道。

　　「說得也對！」夫人看著鏡子，「妳看，我這太陽穴兩邊，長了好多黑斑，眼袋也愈來愈大。」

　　青青趨前，盯著看了看：「哎呀！黑斑不算多啦！我媽的黑斑比起妳多多了，而且眼袋怕什麼？醫美手術，一下子就沒了，還能附帶紋『下眼線』。」

　　夫人從鏡子裡看著青青，笑問：「妳看，我真有眼袋，對不對？」

　　「還好啦！還好啦！」青青安慰地說。

　　幾天之後，總經理和夫人都離開了。只是，外放的人事命令遲遲不出來，隔了三個月才釋出，居然不是張亮。

亂講關鍵字，馬屁拍在馬腿上

張亮愣住了，跑上去問上司。

上司先不說，只是低著頭，過半天，抬起臉：「我也不知道出了什麼差錯，正想問你，你太太是不是對總經理夫人做了什麼不禮貌的事？」

「沒有哇！怎麼可能呢？」張亮叫了起來。

「我私下告訴你吧！」上司沉沉地說，「總經理滿欣賞你的，可是他夫人說了重話，她說憑你的老婆，你就不可能做好外交。要是放你出去，不用半年，外國的朋友全被你老婆得罪了……」

Chapter 9　讚美，是世界上最動聽的語言

Chapter 10
聊天高手，也是傾聽專家

傾聽是對別人最好的尊敬。專心地聽別人講話，是你所能給予別人的最有效，也是最好的讚美。

◆ Chapter 10　聊天高手，也是傾聽專家

傾聽比說話更重要

上帝給予人們兩個耳朵、一張嘴，其實就是要我們多聽少說。生活中，最有魅力的人一定是一個傾聽者，而不是滔滔不絕、喋喋不休的人。傾聽，不僅僅是對別人的尊重，也是對別人的一種讚美。我們知道，在社交過程中，最善於與人溝通的高手，是那些善於傾聽的人。也許在交談過程中他並沒有說上幾句話，但是他一定會得到他人的肯定，認為他是善於言辭的人。

傾聽是對別人最好的尊敬。專心地聽別人講話，是你所能給予別人的最有效，也是最好的讚美。不管說話者是上司、下屬、親人或者朋友，或者是其他人，傾聽的功效都是同樣的。人們總是更關注自己的問題和興趣，同樣，如果有人願意聽你談論自己，你也會馬上有一種被重視的感覺。

那是一個聖誕節，一個美國男人為了和家人團聚，興沖沖從異地搭乘飛機回家鄉。一路上幻想著團聚的喜悅情景。而恰恰老天變臉，這架飛機在空中遭遇猛烈的暴風雨，飛機脫離航線，上下左右顛簸，隨時有墜毀的可能，空姐也臉色發白，驚

恐萬狀地吩咐乘客寫好遺囑放進一個特製的口袋。這時，飛機上所有人都在祈禱，也就是這萬分危急的時刻，飛機在駕駛員的冷靜駕駛下終於平安著陸，於是大家都鬆了口氣。

這個美國男人回到家後異常興奮，不停地向妻子描述在飛機上遇到的險情，並且滿屋子轉著、叫著、喊著……然而，他的妻子正和孩子興致勃勃分享著節日的愉悅，對他經歷的驚險沒有絲毫興趣。男人叫喊了一陣，卻發現沒有人聽他傾訴，他死裡逃生的巨大喜悅與被冷落的心情形成強烈的反差，在他妻子去準備蛋糕的時候，這個美國男人卻爬到閣樓上，用上吊這種古老的方式結束了從危險中撿回的寶貴生命。

夫妻之間需要溝通，更需要傾聽！當你在傾訴時，卻發現無人在傾聽，這種痛苦，無疑是很大的打擊！一個善於傾聽的人在他人眼中是一個很健談的人，夫妻之間如此，親朋好友之間更是這樣了。懂得傾聽，不僅是關愛、理解，更是調節雙方關係的潤滑劑，每個人在煩惱和喜悅後都有一份渴望，那就是對人傾訴，他希望傾聽者能給予理解與贊同，然而那位美國男人的妻子沒有做到，所以導致了悲劇的產生。

因此，善於傾聽對方說話，表面上處於劣勢，其實是處於優勢的。英國前首相邱吉爾說：「說話是銀，沉默是金。」其實，如果我們把這句話改為「說話是銀，聽話是金」更為貼切。

Chapter 10　聊天高手，也是傾聽專家

不想聽了，就這樣打斷對方

打斷別人談話的確是不禮貌的，但是有些情況需要控制氣氛，或者調整話題的方向，就不得不打斷一下，這時就要採用「另類」的手段了。

跑題是人們交流中常出現的問題，也是必須要避免的問題。跑題了，就要把對方的思路及時拉回到主題上來，那就勢必要打斷對方的談話。但是，生硬地打斷顯然會破壞談話的氣氛，也容易傷害對方的自尊，導致談話終止。因此，巧妙地打斷對方就顯得非常重要。

那麼，怎麼才算是巧妙地打斷呢？就是要做到不留痕跡地打斷對方，就是既要讓對方感覺到自己偏離了主題，但又不讓對方感到難堪，巧妙地讓對方停下來。

某著名主持人是談話方面的高手，面對眾多的觀眾，他在打斷嘉賓的談話時做得非常藝術，絲毫不留痕跡，同時還能很好地讓話題繼續下去。

如在節目中，介紹嘉賓時，問他廣告多了還是少了。嘉賓

一口氣羅列了很多廣告無處不在的例子,主持人友好地打斷了他說:「李先生的訴苦大會如果我不及時打斷,今天大家就要在這裡久坐了。」

李先生立刻明白了主持人的意圖,以簡短的話題強調了自己的觀點:「這是因為廣告給我們帶來的苦處太多了,恐怕再加上多長時間,也沒辦法說完。」

在一期宣傳吸菸危害的節目中,節目組邀請了某知名教授做嘉賓,主持人問:「您吸菸嗎?」

一般人可能答「吸」或「不吸」就罷了,教授卻說:「不吸。吸菸是隨波逐流、人云亦云、喪失個性……」

主持人看該打住了,靈機一動,便問:「您喝酒嗎?」

「我……」教授有些愣了,若說吸菸是人云亦云,那喝酒是不是喪失個性?教授只好囁嚅地說:「以前……以前也不喝。」

觀眾大笑,將軍法妙不可言。

很多主持人在遇到被訪者滔滔不絕的情況時,喜歡所謂「巧妙」地打斷對方,以使其談話更適合節目要求。某位住持人在節目每次開錄之前,他都會和現場觀眾做個約定,觀眾可透過主持人拿麥克風的手來決定說話的長短 —— 當他一隻手輕鬆地拿著麥克風的時候,你可以盡情地說;當手有點抖動的

◆ Chapter 10　聊天高手，也是傾聽專家

時候，你就應該注意趕緊結尾了；如果他雙拳抱握麥克風，似乎在討饒的話，你就趕緊煞車，否則他就會扭頭就走了。

弦外之音，沒關係不是真的沒關係

　　如果你做了什麼事情，影響到對方時，但是對方說「沒關係」，那麼你可千萬不要當真，以為真的「沒關係」，那你就大錯特錯了。其實是「有關係」，也許你會因此受懲罰，或者因此而被開除。

　　暖暖在一家公司的設計部門任職，最近她自己開了一個網路商店，賣點小東西，賺點錢，貼補一下家用。不知怎麼就在同事之間傳開了，還有些人向她買了些東西，後來老闆知道了這件事，專程把暖暖叫到辦公室。

　　「有人說妳開了一間網路商店。」老闆不疾不徐地說。

　　「是，就賣點飾品什麼的。」暖暖膽顫心驚地回答。

　　「生意怎麼樣？」

　　「一般吧，我只是晚上下班後看看。」

　　「哦，沒什麼，我只是想問問妳的生意如何，妳回去吧！」

　　暖暖見老闆沒說什麼，以為沒事了，很高興地回去工作了。可是沒過兩週，人事部就找她談話，說她工作不夠努力，

◆ Chapter 10　聊天高手,也是傾聽專家

經常出錯,公司決定讓她辭職。

她一下子傻住,不知道到底是怎麼一回事,可是沒辦法,只好離職了。事後,有以前的同事告訴她,她剛離開公司,老闆就開會了,表示嚴禁在職員工兼差開網路商店,否則就走人。

至此,暖暖才明白為什麼自己被要求辭職。

老闆說沒關係往往只是敷衍你一下,並不一定真的沒關係。也許他後面正醞釀什麼更大的陰謀,你千萬不要放心。

正如暖暖,還以為得到了老闆的默許,其實,「老闆心,海底針」,你又怎麼猜得透他在想什麼呢?直到被通知離職,她都沒明白到底是怎麼回事。

在古代官場中,有一個潛規則,那就是下屬去拜見上級,如果被罵得狗血噴頭,下屬反而會很高興,甚至敲鑼打鼓,這表示自己的官位保住了;相反,如果上級對自己客客氣氣,什麼都無所謂,那這個下屬就膽顫心驚,輕則降位丟官,重則身家性命不保。

這對當今的職場不無借鑑意義。因此,你要仔細揣摩對方心思,知道他的性格脾氣,他是喜歡光明正大地做事,還是喜歡背後捅刀,你也就能從中窺探他每句話的意思了。

因此,千萬別相信「沒關係」這句話,很多時候,對方說

弦外之音,沒關係不是真的沒關係

「沒關係」往往有笑裡藏刀的意味,所以你一定要提高警惕。當對方找你談話的時候,你就要有所警惕,說明你其實已經「關係」到對方了,並不是「沒關係」,否則他就沒必要找你了。

◆ Chapter 10　聊天高手，也是傾聽專家

該說話時就說話，不該說時請沉默

　　伊薩克・馬克森採訪過世界上的許多名人，他說：「許多人不能為人留下很好的印象，是因為不注意聽別人講話。他們太關心自己要講的下一句話，而不打開他的耳朵。一些大人物告訴我，他們喜歡善聽者勝於善說者，但是善聽的能力，似乎比其他任何的物質還要少見。」

　　有句話叫「沉默是金」，於是很多人錯誤地以為在交流中只要保持沉默就表明自己在傾聽。事實上，傾聽不是完全不說話，也不是低頭枯坐，而是需要透過眼神、動作等保持一種交流，這樣的傾聽才是最有效的。

　　在我們的生活工作中，有些時候確實是沉默勝於雄辯。與得體的語言一樣，恰到好處的沉默也是一種語言藝術。在說話時機未到的時候，保持沉默，有時候是一種最好的選擇，會收到「此時無聲勝有聲」的效果。

　　在一家小公司和一家「巨無霸」公司的一場貿易談判中，「巨無霸」公司的代表依仗自己的實力，滔滔不絕地向對方介

紹情況，而小公司的代表則一言不發，埋頭記錄。

「巨無霸」的代表講完後，徵求對方代表的意見。小公司的代表好像突然睡醒了一樣，迷迷糊糊地對「巨無霸」的代表說：「哦，講完了？我們完全不明白，請允許我們回去研究一下。」

於是，第一輪會談結束。

幾星期後，談判重新開始，小公司的代表聲稱自己的技術人員沒有聽懂對方的講解。結果，「巨無霸」的代表沒有辦法，只好再次為他們介紹了一遍。

誰知，講完後小公司代表的態度仍然不明朗，仍是要求道：「我們還是沒有完全明白，請允許我們回去再研究一下。」就這樣，結束了第二次的會談。

過了幾天後，第三次會談小公司的代表還是一言不發，在談判桌上故技重演。唯一不同的是，這次，他們告訴「巨無霸」，一旦有討論結果立即通知對方。

過了一段時間，「巨無霸」覺得這次合作已經沒戲的時候，小公司的代表找上門來開始談判，並且拿出了最後的方案，以迅雷不及掩耳之勢逼迫「巨無霸」，使對手措手不及。

最後，達成了這一項明顯有利於小公司的協議。這次小公司能夠打敗「巨無霸」，取得談判的成功，關鍵就在於小公司

Chapter 10　聊天高手,也是傾聽專家

的沉默,時機不成熟的時候,他們保持沉默,使對手摸不著頭緒,同時也為自己贏得時間研究對手的方案,給予對手措手不及的一擊。

其實不止在商業談判中,在生活中我們也要遵循這種「時機未到保持沉默」的作風。老一輩人總是諄諄教導我們「話到嘴邊留半句,不可全拋一片心」、「言多必失,語多傷人」、「君子三緘其口」的古訓,也把緘口不言作為練達的安身處世之道。今天,我們亦應謹記這些古訓,該沉默時一定要沉默。

只懂字面意思，恐怕會讓機會白白溜走

有的時候，人們並不會直接將自己的意思表述出來，他們會採用一些委婉的方式來暗示，如果我們只聽對方的字面意思，那就很可能不能理解對方的真正意圖。比如，對方說：你冷不冷？這句話表面上的意思是：你現在感覺溫度是高還是低？是否感覺到有點冷？而他的言外之意則可能是：我有點冷，你能不能把冷氣溫度調高點？所以你要傾聽到位，才能理解對方的意思。

范曉萱是大小S最親密的姐妹，她們的結識很有趣。有一次，大S在機場等飛機時，看到了范曉萱的節目，大S覺得這個女生長得好特別啊！沒多久後，三個人一起做節目，雖然對彼此都很有好感，但是卻誰都不願意主動搭訕。最後范曉萱終於找到話題了，因為她發現這姐妹倆的腋下十分乾淨，不像自己剃腋毛後總會留下痕跡，於是，范曉萱主動搭訕：「請問，妳們的腋毛是用刮的還是用剃的？」就這一句話，拉近了三個人的距離，從此，范曉萱成了大小S的死黨。

其實，范曉萱肯定不只是想問問那個非常無聊的問題，而

Chapter 10　聊天高手，也是傾聽專家

是打算打破她們之間的隔閡，為彼此的進一步交流作鋪陳。非常巧的是，大小S姐妹也是非常懂得說話藝術的人，聰明地收到了范曉萱遞過來的「橄欖枝」，三人順理成章地成為好姐妹了。假如，大小S不懂得范曉萱的話的意思，恐怕就會說一句：「真無聊！」那怎麼還會有後來的故事呢？

一家公司的公關部有兩個小組，兩個組長都在明爭暗鬥地想當上公關部經理。恰逢公司搬家，一組組長對大家說，要在這次搬家的過程中好好表現。因此全組齊心協力，熱火朝天地忙碌了起來。等到二組的人馬趕到的時候，公關部的新辦公室已經變得窗明几淨了。

正在此時，老闆也到了，說：「喲，收拾得真乾淨呀，一組的同仁們辛苦了！」

一組的組長揚揚得意：「謝謝您的誇獎。」

接著老闆又說：「我們那層現在還是一片狼藉呢！新來的幾個小孩一點也不會做事，什麼事都讓我操心！」

言者無心，聽者有意！二組的組長聽出這話外有音，搶先說：「哦，那我們立刻上去整理，您今天辛苦了，先休息一下吧！二組的都跟我上樓！」

可想而知，一組的功勞雖大，卻遠不如二組在老闆心裡留下的印象深。說話聽聲，鑼鼓聽音，生活中有大量的話不用直

接說出來,話裡帶出來就行了,更有不能直言的意思,得靠暗示來表達。於是便有一語雙關、含沙射影、指桑罵槐等旁敲側擊的藝術性語言。

接話很簡單,可以回答、可以附和。解話似也不難,除了直言明意易於理解外,「聽話聽聲,鑼鼓聽音」也能幫你聽出言外之意來。但在實際交談中,卻並不是每個人都能解話準確、接話恰當的。

接話的正確與否,除了說話者自身的修養及駕馭語言的能力外,還取決於「解話」的準確與否。切不可小看「解話」錯誤,這不僅是製造幾個笑話的小事,還影響到人際交往是否會產生矛盾和誤會。

假如你到朋友家做客,千萬不能對食物或玲瓏精品大加讚美,例如不能說「這瓶酒真好,我見都沒見過」、「這打火機挺漂亮的」等等,否則朋友會以為你想喝酒或索要禮品了。

不過,萬一你說了一句含有無用涵意的話語,那也不必驚慌失措,因為話語的涵意有一個重要的特性,就是可消去性。據英格蘭語言學家的論證,話語的字面所斷定的內容要強於它的會話內涵,因此可以用話語本身來消去會話涵意。我們把上面的例子引申一下,當你在朋友家做客,貿然說出「這瓶酒真好,我見都沒見過」時,你的朋友定會認為你想喝這瓶酒,因

Chapter 10　聊天高手，也是傾聽專家

為這句話語本身就有「想喝這酒」的涵意，但這時你也不必**驚慌**，你可以把語氣**轉一轉**：「可惜我沒有喝酒的口福，我對酒精過敏。」這樣便會消去此涵意，從而讓你的朋友如釋重負。

所以，我們在說話的時候，不但要注意字面表達是否得體，也要注意可能出現的會話涵意是否恰當。同時我們在聽話的時候，也不要只聽字面意思就做決定，要深層地挖掘對方話中的真意。

Chapter 11
不可不知的聊天潛規則

我不在乎說話之術,而是說話之道;我的說話之道就是把你放在心上。

◆ Chapter 11 不可不知的聊天潛規則

關係越親密，說話越小心

越親密，說話越要小心。其實，也許很多女人不相信，戀愛能否成功、婚姻是否幸福並不完全取決於妳的臉蛋是否足夠漂亮、妳的身材是不是足夠曼妙迷人，卻和妳的口才息息相關。正所謂戀愛是「談」出來的，婚姻也需要口才的滋潤。

在和男人說話的時候，有些女人的言語像「冰塊」砸得人痛。甚至說話「冒黑煙」，像吃了「火藥」似的傷人。這樣的女人怎麼能得到男人的愛戀呢？不如盡快「換個說法」，把話說得「好聽」一些，讓他易於接受。

有位主持人就披露過這樣一件事：在一期節目中，妻子一上臺就開始哭訴，說和丈夫十年幾乎沒有說過話，一直冷戰，丈夫對自己和女兒很不關心。

十年不說話，這在我們的眼裡是多麼難以理解，有什麼深仇大恨呢？等她稍微平靜些，主持人便問她冷戰的原因，妻子說：「其實矛盾很簡單，就是我比較喜歡打麻將，丈夫很討厭我的這個愛好，於是我們倆經常為此事發生爭吵，後來就開始

冷戰，一戰就是十年。」

即使這樣，這做妻子的依舊完成了照顧女兒的任務，並且和公婆關係也算不錯。

丈夫上臺之後，主持人向他考核妻子的話，他認同。他也說夫妻以前關係還不錯，後來就是妻子經常去打麻將，他實在受不了了，就開始和妻子爆發戰爭，繼而誰也不理誰了。

主持人問：「妻子多長時間去玩一次？」

丈夫的回答讓所有人都大吃一驚，說：「一年也就是十幾次。」

其實，這是完全可以理解的，但是丈夫並不這樣認為，他是一個比較內向的人，他希望他的妻子能在家多陪陪他。

雖然兩個人都在埋怨對方，但是主持人和在場的專家都認為其實兩個人是有很好的感情基礎的，所以大家有信心幫助他們恢復感情。

大家都為妻子和丈夫出了不少招，丈夫聽得很認真，主持人便問丈夫：「接下來打算怎麼辦？」

丈夫回答：「我知道自己的問題了，我會好好對我的妻子的，我以前不理解她，並且對她關心太少，以後一定做好，我希望和她重歸於好！」現場所有的觀眾都為丈夫的表態而鼓掌。

Chapter 11　不可不知的聊天潛規則

　　本以為，這期節目就可以收場了，沒想到，自從丈夫表示認錯之後，妻子便開始變得咄咄逼人，把丈夫這些年來的所有問題再拿出來說一遍，還當場表示絕對不可能原諒丈夫。

　　其實，在錄製這期節目之前，妻子就說自己絕對不想離婚，很希望丈夫能夠和她重歸於好，可是在場上她卻還在和丈夫賭氣。就這樣僵持了將近一個小時，專家也是百般勸解，妻子還是越說越生氣。其間，丈夫幾次試圖和妻子示好，還想握住她的手，妻子很用力地推開了丈夫。最後，丈夫也放棄了。兩個人走出演播室，朝兩個方向走去。

　　丈夫的確做錯了，但是妻子這種趁勢發威的做法也實在不妥當。很多人在戀愛中、婚姻裡，往往把嘮叨、直言不諱當作是愛，真是大錯特錯。

　　紐約的《世界電信》雜誌，某期刊登了一件殺人案，一個50多歲的卡車技工，僱用了三名流氓殘忍地殺害了自己的妻子。關於他的犯罪原因，據他自己宣稱，僅僅是因為他的妻子一直不停地嘮叨和抱怨。

　　在燒毀愛情的一切烈火中，吵鬧是最可怕的一種，就像被毒蛇咬到，絕無生還之望。你是不是一個愛嘮叨的人呢？問問你的伴侶吧。如果他／她的答案是肯定的，那麼請你理智地對待，為了你們的愛情和婚姻，想辦法讓自己遠離嘮叨，越親

密,說話越要小心。

　　一位學生物學的女孩和一位中文系的男生相戀了。兩人漫步在林蔭道上,男孩興致勃勃地唸了兩句詩:「春蠶到死絲方盡,蠟炬成灰淚始乾。」他得意之時,女孩則冷冰冰地說:「真可笑!春蠶吐絲做成繭,變成蛹後飛出蛾,它怎麼死了呢?」男孩頓時不快,回敬道:「這是古詩,是李商隱的傑作!」

　　「那李商隱也是無知。」

　　兩人論戰得不分上下,最後不歡而散,分道而行。本來,男孩吟詩是信手拈來,略帶轉文之意,而女孩卻不分語言環境和情緒氣氛,語言傲慢且偏激,譏諷男友,大大地傷了男孩的自尊心和感情。由此可見,戀人間的交談不僅要注意對方的性格、氣質、語境,還要把話說得中聽、含蓄、委婉,切莫當場揭短。

Chapter 11　不可不知的聊天潛規則

不是主角,就別喧賓奪主了

有的人,性格過於「開朗」,特別愛表現自己。儘管他們認識的人很多,但是大多數卻不願意與他們交流,因為不論在任何時候,他們都不顧及場合和別人的感受,喧賓奪主。對於不愛說話的人,人們覺得他沉悶、無趣;而那些喜歡搶人風頭的人,人們又覺得他討厭、不識趣。所以奉勸那些自以為「萬人迷」的朋友,當你不是主角的時候,還是少說兩句吧!

恰當地表現自己,能讓更多的人記住自己,有利於擴大自己的社交圈,但是表現過度,則起到反作用。我們經常看到電視上某位主持人和嘉賓一起進行節目,如果總是主持人在說,而嘉賓一直禮貌地站在旁邊,我們就會厭惡這個主持人話太多。該說的人沒說,不該說的人說太多。在不同的場合,我們每個人都有一個角色定位,在人生的舞臺上,你不可能每次都當主角,你總有做配角的時候。

在談話節目中,主持人雖然是現場的中心,但並非主角。他只是起引導和貫穿的作用,嘉賓和現場觀眾才是談話節目真正的主角。一些優秀的主持人深諳此道。知名主持人說:「電

不是主角，就別喧賓奪主了

視節目裡，嘉賓才是主角，主持人不應該總是炫耀自己，應該是保護嘉賓，和他溝通，讓他打開自己，最重要的是袒露自己。」

充當場面的主角是每個人的願望，但很多人卻表現出強烈的表現欲。當場需要他做配角，要求他說「襯話」的時候，他往往會按捺不住自己，難以把握位置，陪襯感較弱，喧賓奪主，結果讓他人產生厭惡情緒。

我們應該懂得什麼時候表現、什麼時候讓路；什麼時候充當主角、什麼時候充當配角。在很多場合，甘於做配角，是一種要求，也是一種修養、品德、技巧的表現。

在社交場合裡，我們經常會碰到這樣一些人，他們大大咧咧，說起話來很嘮叨，總是喜歡表現自己。比如那些每次到KTV唱歌時拿著麥克風不肯鬆手，毫不給別人機會的人就不受人歡迎。人們對他們大傷腦筋。別人不僅認為這個人沒有禮貌，更是覺得他沒有修養、自私。

張濤是個活潑開朗的男孩，逢人主動打招呼，也非常健談，說起話來沒完沒了、愛出風頭。照理說他應該惹人喜歡，可就是他主動過了頭，部門的同事都不願意跟他交流。

那天是小組長王剛的生日。部門的同事決定大家一起請王剛晚上去KTV唱歌。說到唱歌，這可是張濤的強項，在大學裡他的歌聲還得過「麥克風」獎呢！

◆ Chapter 11　不可不知的聊天潛規則

　　同事們本不想叫他一起去唱歌，因為他去了，肯定就沒有別人唱的份了。果然，進了KTV包廂，一個多小時了，他就沒有住過嘴，把麥克風抱在懷中不放手。名義上是說「要把歌聲獻給組長王剛，祝他生日快樂！」
　　實際上是太陶醉於自己的歌聲中不能自拔。
　　大家只好在沙發上靜靜地聽著。螢幕上每首歌都似乎是為他點的。那天的主角儼然是他，而他一點都沒注意到有什麼不妥。
　　最後，有一個同事說有事要離開，之後大家紛紛都離開了，留下張濤一個人自得其樂地唱。以後，有這樣的活動，大家都堅決不跟張濤一起出席。對於像張濤這樣不識趣的人，大家不跟他一起出席活動是有道理的。因為他過度地展現自己，占據了他人的展現空間。雖然人們沒有當面說他如何，但在心裡卻一定在罵他不識趣、討厭。
　　如果你是這樣的人，那麼下面的幾點建議可能適合你。
　　要學會自我控制、自我調整，演好自己的配角，說好自己的話。如果能做到把握位置，既能顯示出你良好的修養和品格，又能把話說得恰到好處。
　　如果要表現自己，不要搶他人的鏡頭。要把自己變成談話的中心，不是強迫別人來聽你演講，而是應該積極地引導他人

主動與你交談。這樣,即使你要說的話很多,也不會讓人覺得冗長。

在社交場合,應該隨時注意他人的反應。看他人對你的態度是否保持著熱情,對你的談話內容是否感興趣,當別人表情冷淡、哈欠連連的時候,你應該及時踩煞車。可能剛開始的時候,你的言行還能吸引他人,但是若持續時間過長,內容沒有新意,完全是你自己在作秀,別人就會感到厭倦。這種情況在心理學上叫做「過激刺激」。

記住,我們可以做畫龍點睛的事,但千萬不要做喧賓奪主的事。

Chapter 11　不可不知的聊天潛規則

大家都有虛榮心，但別表現出來

在與人交談的過程中，一定要秉承著人人平等的原則，千萬不要有任何優越感，時時刻刻不忘將「我」放在首位，這樣只會遭人反感。法國哲學家羅西法古說：「如果你要得到仇人，就表現得比你的朋友優越吧；如果你要得到朋友，就要讓你的朋友表現得比你優越。」這句話真是沒錯。因為當我們的朋友表現得比我們優越時，他們就有了一種重要人物的感覺，但是當我們表現得比他還優越，他們就會產生一種自卑感，造成羨慕和嫉妒。有時候，優越感還會使自己處於尷尬的境地。

19世紀的英國政治家斐爾爵士告誡那些向他求教的人說：「如果可能的話，要比別人聰明，卻不要告訴人家你比他聰明。」

解縉，是明朝著名的大學問家，他的機智幽默少有可比。他19歲中進士踏入仕途，後來曾擔任《永樂大典》的主編。

《永樂大典》是中國著名的大型古代典籍，清代第一才子紀曉嵐主編的《四庫全書》，就是以解縉主編的《永樂大典》為主要依據。可見解縉的確是滿腹經綸的飽學之士，他獨創了一

大家都有虛榮心，但別表現出來

門「拍馬詩」，可謂文雅拍馬的典範之作。有一次解縉陪皇帝去釣魚，解縉連連起釣，大魚小魚釣了一大堆，可是皇帝那邊沒有動靜，許久沒釣到一條魚。

皇帝臉上笑容掛不住了，便問：「解愛卿，這魚怎麼盡往你那邊去呀？」

解縉這才意識到問題嚴重，自己不該在皇上面前盡展釣魚的絕技高招，解縉本就是釣魚高手，從餌料的配置到起釣的手法，他都極有講究，故而成了釣魚能人。但這本來不該在皇帝面前展示，否則，「伴君如伴虎」，凶險必定多。但事已至此，不能迴避，解縉於是稍微想了一下，吟詩一首說：「數尺絲綸入水中，金鉤一拋蕩無蹤。凡魚不敢朝天子，萬歲君王只釣龍。」

解縉將運氣背、技藝差而釣不到魚的皇帝，說成是魚兒怕見皇上的威儀而不上鉤來，這使皇帝心曠神怡，哈哈大笑，連說解縉：「好文才，好文才。」這當然應該算是「文雅拍馬」的極致了。

沒有人願意承認自己不如對方高明，這是每個人最起碼的虛榮心。

人人都有虛榮心。有的人為了一點虛名，什麼事都做得出來；有的人為了一點小面子，不惜捲起袖子拚老命。反過來，

Chapter 11　不可不知的聊天潛規則

如果你滿足了別人的虛榮心,讓他覺得有面子,就是對他最好的讚美,他一定會對你心存好感,並回報於你。

每個人都有自己的祕密,都有一些壓在心裡不願為人知的事情。在同事之間的閒聊調侃中,哪怕感情再好,也不要去揭別人的短,把別人的隱私公布於眾,更不能拿來當作笑料。

為別人留隱私，謠言止於智者

每個人都有一些不願讓外人知道的事情，如經濟收入、健康狀況、年齡、經歷等，因人而異。當別人的問話涉及你的忌諱領域，可以用以虛代實的方法去應對。

某茶館老闆的妻子結婚兩個月，就生了一個小孩，鄰居們趕來祝賀。

老闆的一個要好的朋友吉米也來了。他拿來了自己的禮物——紙和鉛筆，老闆謝過了他，並且問：「尊敬的吉米先生，為這麼小的孩子贈送紙和筆，不太早了嗎？」

「不，」吉米說，「您的小孩太性急。本該九個月後才出生，可他偏偏兩個月就出世了，再過五個月，他肯定會去上學，所以我才替他準備了紙和筆。」

吉米的話剛說完，全場鬨然大笑，令茶館老闆夫婦無地自容。

調侃他人的隱私是不對的，上例中吉米明顯道出了茶館老闆妻子未婚先孕的隱私，這樣令大家都處於尷尬的局面。所以

◆ Chapter 11　不可不知的聊天潛規則

說，調侃時說出了他人的隱私，有時是處於言者無意，但聽者卻有心。他會認為你是有意跟他過不去，從此對你恨之入骨。他做的事別有用心，極力掩飾不使人知，如果被你知道了，必然對你不利。如果你與對方非常熟悉，絕對不能向他表明你絕不洩密，那將會自我麻煩。最好的辦法是假裝不知，若無其事。

在美國總統競選中，相互造謠中傷的現象，早年就已經出現。那一年，約翰‧亞當斯（John Adams）競選總統，當時共和黨人就指控約翰‧亞當斯，說他曾派其競選夥伴平克尼將軍到英國去挑選四個美女做他們的情婦，兩個分配給了平克尼，兩個留給亞當斯。

亞當斯哈哈大笑，他回答說：「假如這是真的，那平克尼將軍肯定是瞞過了我，全部獨吞了！」

在場的人都大笑起來。在日常生活和政治鬥爭中，對於這類造謠中傷的桃色新聞，你愈是辯解否認，認真對待，就愈會弄假成真，使你有口難辯。

亞當斯深知其間利害，他沒有正顏厲色地予以直接辯解，而是以開玩笑的方式說平克尼將軍瞞過了他，全部獨吞了。從而間接地否定了挑選情婦的事，即便挑選了美女，那也只能是平克尼將軍的事了。這件本是非常棘手而且令人尷尬的事，卻

在大家的笑聲中輕鬆地解決了。

在一次宴會上，某人在酒桌上向鄰座的人講起某校校長的祕密來，同時表現出對校長卑鄙行為的大為不滿，並說了一堆攻擊的話。

直到最後，一位太太問他說：「先生，你認識我是誰嗎？」

「還沒有請教貴姓。」他回答說。

「我正是你說的那位校長的妻子。」

這位先生立時窘住了，場面非常尷尬。

這位太太很有教養，沒有當面指責他，但這位口無遮攔的先生留給別人的印象一定不怎麼樣。

Chapter 11　不可不知的聊天潛規則

要重視對方，就要把他放在心裡

其實，在我們生活當中有很多方式可以去表示自己有多重視他、多愛他，比如在路上對方摔倒，你扶起；當對方咳嗽時，你會輕輕拍打他的背部，這些事看似簡單，但是這一點一滴堆積起來，就會讓對方知道你有多愛他、多喜歡他、多重視他。

在我們生活中，朋友之間出去聚會，無論在 KTV，還是在飯局上，或是出去郊遊中，你的一舉一動，都會讓對方看清你是否尊重他、是否喜歡和他在一起、是否值得和你交朋友。情侶之間也是如此，其實情侶之間約會出去吃飯是藉口，真正喜歡的是坐在同一個位置上，互相看著對方，說點悄悄話，曖昧一下，這樣雙方就會知道彼此是多麼在乎對方，愛對方！

平時你的一舉一動都會讓對方產生一種印象，如果你真的在乎一個人，你就要從他的每一個舉動開始注視，把一切看在眼裡，記在心裡。正如蔡康永所說的那樣：「我不在乎說話之術，而是說話之道；我的說話之道就是把你放在心上。」

要重視對方，就要把他放在心裡

　　于美人說自己試音時總會說這七個字：「猜猜我有多愛你。」據她介紹，「猜猜我有多愛你」的真實含義就是日語的茶道用語：一期一會。用中文翻譯就是「一生只相遇這一次」。相傳日本的茶道師傅是用「我這輩子也許只幫你泡這一次茶」的慎重心情來為客人沏茶。看到茶道師傅這麼認真，當客人的又豈能怠慢呢？因為主人與客人都非常認真，以「一期一會」的心情為出發點，如此一來，絕世好茶就這麼誕生了！

　　用「一期一會」的態度來和你談話，把你放在最重要的位置，把你看在眼裡，記在心裡，對方怎會不感激呢？

　　艾薇兒是一位年輕的腳踏車促銷員。有一天，一對夫婦帶著孩子來車行看車。艾薇兒熱情地接待了他們。當然，艾薇兒極少說話，只是請他們自己慢慢地看。最後，夫婦選中了某種型號的車子，但他們嫌這輛車比其他品質相近的車子貴了50美元。

　　細心的艾薇兒看到這種情況，便做了如下的介紹：「你們的這種感覺我同樣也有，只是以後你們就會發現，這50元是你們花得最值得的部分。因為這輛車有一個非常好的名字，叫做『請您放心』，它有一個很好的煞車器，經久耐用，方便簡單，更為重要的是，它安全可靠。」

　　當看到夫婦倆點頭認同，艾薇兒繼續說：「太太，您的小

Chapter 11　不可不知的聊天潛規則

孩騎腳踏車,您最擔心的是什麼?應該是安全問題吧?多花 50 元買一個安全,您難道不覺得很值得嗎?而且這輛車,您的孩子至少可以使用 5 年,5 年才多花了 50 元。你們還有顧慮的嗎?」

這對夫婦聽後也覺得艾薇兒說得非常對,便買下了那輛腳踏車。

像艾薇兒那樣一再強調,產品能為對方帶來什麼好處時,對方一般都會感動的,他覺得你把他放在了心裡,是為他著想的。當然,我們首先要做的是認真觀察和了解出顧客比較關心的是什麼。你的 80% 的精力和說話內容最好都落在對方關注的需求上。

要重視對方,就要把他放在心裡

國家圖書館出版品預行編目資料

是言語，也是武器！談話之間也有攻防戰術：好好說話很難嗎？掌握語言的藝術，讓你在人生的每一次交談中都能贏得主場 / 金文 著. -- 第一版. -- 臺北市：樂律文化事業有限公司，2025.02
面；　公分
POD 版
ISBN 978-626-7644-63-8(平裝)

1.CST: 溝通技巧 2.CST: 說話藝術 3.CST: 口才
192.32　　114001543

電子書購買

爽讀 APP

是言語，也是武器！談話之間也有攻防戰術：好好說話很難嗎？掌握語言的藝術，讓你在人生的每一次交談中都能贏得主場

臉書

作　　　者：金文
責任編輯：高惠娟
發 行 人：黃振庭
出　版　者：樂律文化事業有限公司
發　行　者：崧博出版事業有限公司
E - m a i l：sonbookservice@gmail.com
粉 絲 頁：https://www.facebook.com/sonbookss/
網　　　址：https://sonbook.net/
地　　　址：台北市中正區重慶南路一段 61 號 8 樓
8F., No.61, Sec. 1, Chongqing S. Rd., Zhongzheng Dist., Taipei City 100, Taiwan
電　　　話：(02) 2370-3310　　傳　　　真：(02) 2388-1990
律師顧問：廣華律師事務所 張珮琦律師
定　　　價：299 元
發行日期：2025 年 02 月第一版
◎本書以 POD 印製